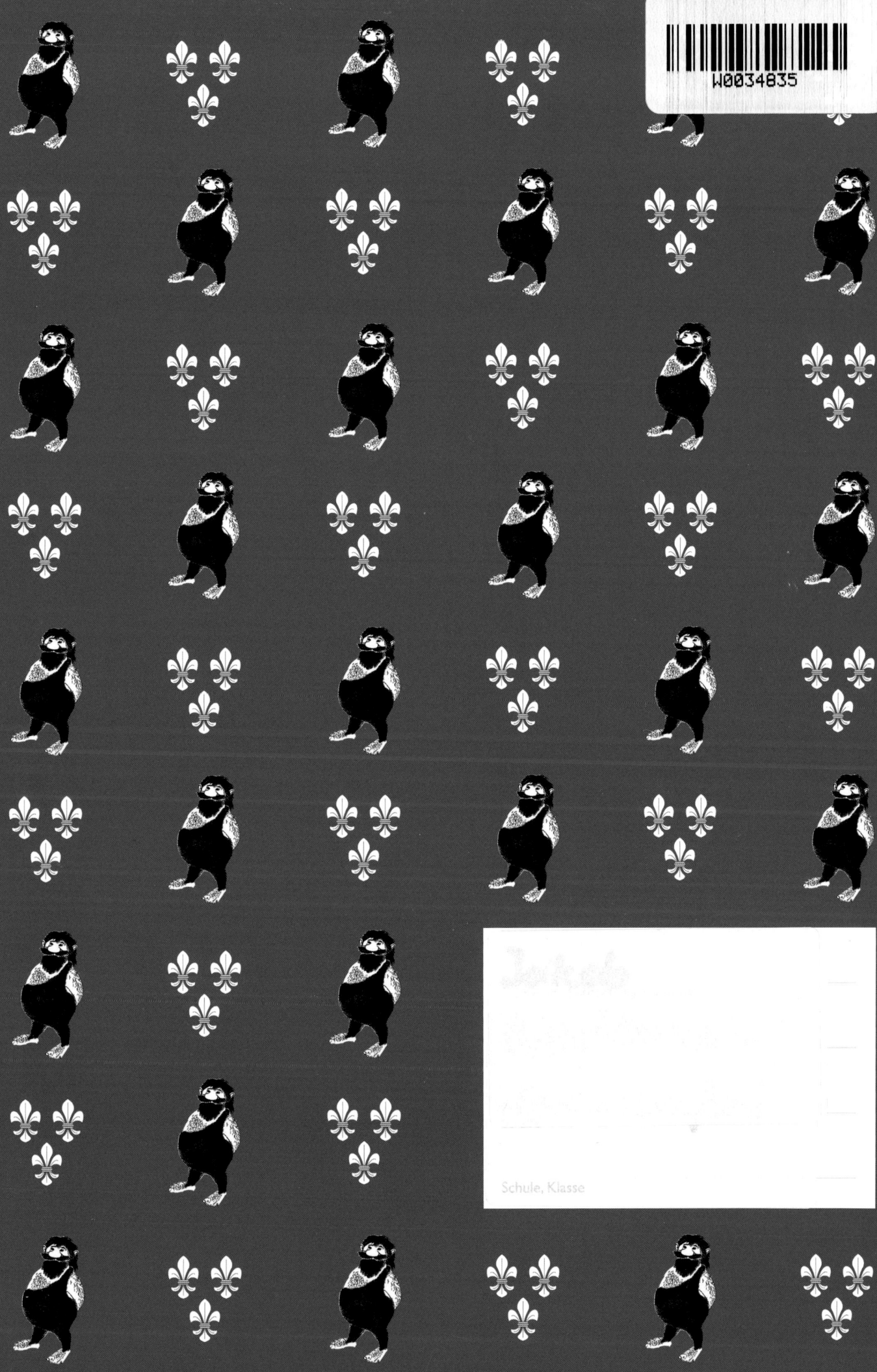

Schule, Klasse

Impressum

Herausgeber und Autor
Jürgen Heller

Textbeiträge Bilderbogen
Schülerinnen und Schüler der
Helene-Lange-Schule in Wiesbaden

Illustrationen
Marion Thomas

Gestaltung und Layout
Bruno Heller

Technische Umsetzung
Stefan Dorzok

Lektorat
Monika Will
Frauke Brodkorb-Kettenbach
Susanne Mende

Web Developer
Alexander von Velsen

2. Auflage 2013
© 2013 Ekko Verlag, Wiesbaden
www.ekkoverlag.de
info@ekkoverlag.de

Die Deutsche Bibliothek - CIP - Einheitsaufnahme:
Heller, Jürgen (Hrsg.): Wiesbaden. Eine Entdeckungsreise mit dem Riesen Ekko.

ISBN 978-3-9814526-0-0

Druck
Druckerei Zeidler GmbH & Co. KG

ISBN 978-3-9814526-0-0

WIESBADEN

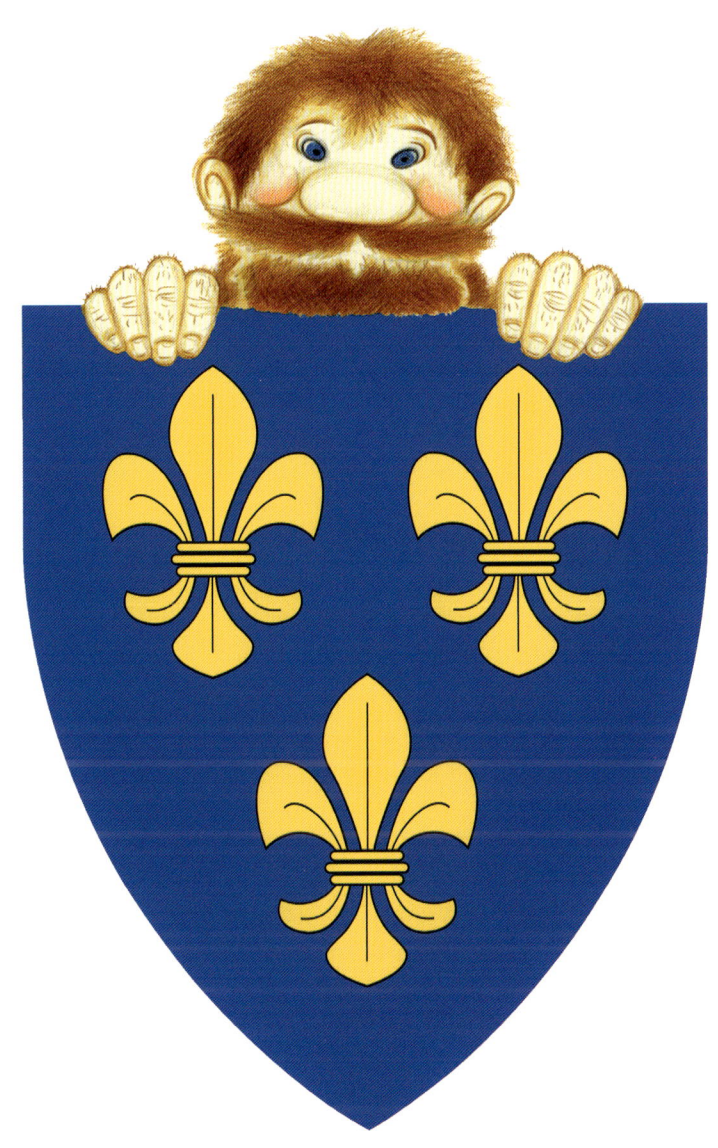

Eine Heimatkunde

Wiesbaden 2013

Liebe Kinder, liebe Entdecker,

ihr haltet einen kostbaren Schatz in euren Händen! Wer hat denn schließlich schon die Chance, Geschichtsunterricht bei einem Riesen zu besuchen? Ich wäre als Kind jedenfalls ganz begeistert gewesen, wenn mich so ein ungewöhnlicher Forscher mit auf eine Entdeckungsreise durch meine Heimatstadt genommen hätte!

Auf den folgenden Seiten könnt ihr zusammen mit dem Riesen Ekko, dem Hund Plinius sowie mit Marie und Bruno auf Spurensuche gehen und viel Spannendes über Wiesbaden erfahren. Und, was ich am tollsten finde: Die Orte, die der Riese Ekko euch vorstellt, könnt ihr sogar selbst besuchen und erkunden, zum Beispiel mit eurer Familie, euren Freunden oder euren Lehrern. Die Fragen, die Ekko euch zu Wiesbaden, den Gebäuden, Plätzen und Sehenswürdigkeiten stellt, könnt ihr dann sicher spielend leicht beantworten. Fest steht jedenfalls: Wenn ihr mit dem Buch fertig seid, habt ihr euch den Wiesbadener Entdeckerpass und die Heimatforscher-Urkunde wirklich verdient!

Ich bin gespannt, wie ihr euch entscheidet, wenn ihr das Buch fertig gelesen habt: Welcher ist euer persönlicher Lieblingsplatz in Wiesbaden? Ist er im Buch schon vorgestellt worden, oder habt ihr einen noch tolleren Ort entdeckt? Vielleicht treffen wir uns ja mal bei eurer Entdeckungsreise durch die hessische Landeshauptstadt, dann könnt ihr mir euren Lieblingsplatz verraten. Als Heimatforscher wisst ihr ja bestimmt, wo das Wiesbadener Rathaus steht...

Sven Gerich
Oberbürgermeister

Liebe Eltern und Kinder,

das Heimatkundebuch „Wiesbaden – Eine Entdeckungsreise mit dem Riesen Ekko" ist eine wundervolle Anregung, unsere Heimatstadt näher kennen zu lernen. Ekko ist ein liebenswerter „Stadtführer", der nicht nur Kindern, sondern auch Erwachsenen viele Informationen vermittelt und manches vermeintlich Gewusste gerade rückt.

Ekko und sein Autor Jürgen Heller hinterfragen Dinge, die man immer als selbstverständlich akzeptiert hat und erläutert die Ursachen und Hintergründe geschichtlicher Entwicklungen. Ich freue mich, dass 25 Jahre nach seinem ersten Erscheinen das Wiesbadener Heimatbuch in einer neuen, ergänzten Auflage vorliegt. Ein besonderer Dank geht an Marion Thomas. Sie hat die schönen Illustrationen vom wissbegierigen Riesen Ekko erstellt.

Ich wünsche mir zahlreiche, vor allem junge Leser für diese kurzweilige Spurensuche und könnte mir denken, dass Ekko auch für manche Geburtstagsrallye hilfreiche Hinweise gibt. Noch viele andere nützliche Anwendungen sind vorstellbar, gemäß dem Motto des Verlages: „Das Abenteuer beginnt bereits vor eurer Haustür."

Für heute grüßt Sie herzlich

Rose-Lore Scholz
Stadträtin

Dezernat für Schule, Kultur
und Integration

Herzlich Willkommen in Wiesbaden

Ich bin der Riese Ekko und dein Heimatkundeführer. Durch die Sage von der Entstehung Wiesbadens bin ich seit Generationen vielen Kindern bekannt. Ich werde dich mit Marie und Bruno auf einer Entdeckungsreise begleiten. In den Erzählungen wird die Geschichte der Stadt lebendig. Du erfährst Interessantes und Spannendes über Geografie, Geschichte, Natur, Kultur, Umwelt und Wirtschaft der Stadt. Als Belohnung erhältst du eine Urkunde als „Kleiner Heimatforscher".

Ich heiße Marie. Mach dich bereit, denn gleich beginnt unsere Entdeckungsreise durch die hessische Landeshauptstadt mit ihren Sehenswürdigkeiten und Besonderheiten. Du erfährst viel Wissenswertes in Form von Geschichten, Rätseln, Puzzles, Bildern und Aufgaben. Wenn du möchtest, kannst du die Zeichnungen im Wiesbadener Bilderbogen mit Buntstiften ausmalen.

Ich bin Bruno. Bevor es los geht, solltest du einen Blick in den Koffer auf dem Dachboden werfen. Wenn du dieses Buch gelesen und bearbeitet hast, wirst du ein guter Kenner deiner Heimatstadt sein. Vergiss nicht deinen Entdeckerpass auszufüllen!

Treuer Begleiter auf dieser Entdeckungsreise ist der Hund „Plinius". Der Name stammt von einem römischen Schriftsteller, der Wiesbadens heiße Quellen schon vor 2000 Jahren erwähnt hat.

Spurensuche auf dem Dachboden

Schon immer wollten Bruno und Marie einen Blick in den alten, verstaubten Holzkoffer auf dem Dachboden werfen. Heute war der Augenblick besonders günstig, denn die Eltern waren in der Stadt einkaufen. Mit vereinten Kräften zogen sie die Bodenleiter heraus und kletterten auf den Dachboden. Da stand er in der Ecke, der Koffer mit den bunten Reise- und Hotelaufklebern. Es war nicht leicht, die Knoten zu lösen. Was da alles zum Vorschein kam: Ein Teddybär, eine Schulfibel, Griffelkasten und Schiefertafel, ein Poesiealbum, eine Botanisiertrommel, alte Schwarz-Weiß-Fotos, ein Hochzeitsfoto von Opa und Oma, römische Münzen, eine Blockflöte, ein Briefmarkenalbum und Bücher über Bücher.

Interessiert betrachteten Bruno und Marie den Schatz: Der Koffer war eine Fundgrube. Er steckte voller Erinnerungsstücke. Für Marie und Bruno waren es Spuren, die in die Kindheit ihrer Eltern und Großeltern führt.

Beim Betrachten der Bücher stellten Marie und Bruno fest, dass es alles Bücher über ihre Heimatstadt Wiesbaden waren. Sie fingen an, in den Büchern zu blättern. Ein Buch trug den Titel „Wichtelfahrt − Eine abenteuerliche Geschichte für Wiesbadener Kinder", ein anderes nannte sich „Durch Nassau − Eine kindertümliche Heimatkunde". Ein drittes Buch hieß „Der kleine Heimatforscher in der Stadt Wiesbaden" und schließlich „Heimat Wiesbaden" mit dem Kurhaus in einer Schneekugel.

Es waren Bücher, die vor vielen Jahren für Kinder geschrieben wurden und von der Geschichte Wiesbadens handelten. In diesen Büchern stießen sie immer wieder auf die Sage vom Riesen Ekko. Bruno konnte es nicht erwarten, dass seine ältere Schwester Marie endlich die Sage vorlas.

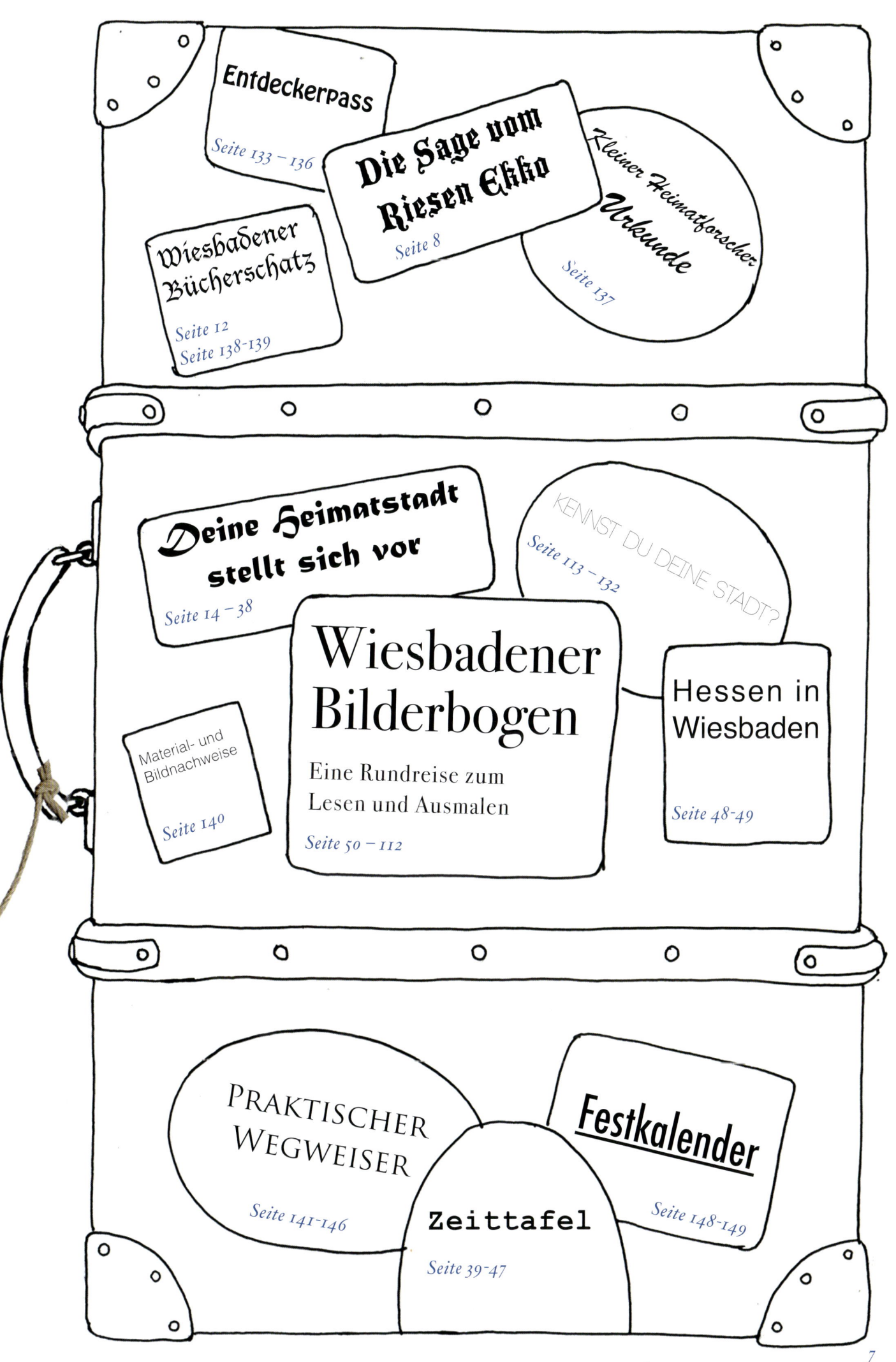

Die Sage vom Riesen Ekko

In den Wäldern des Taunus lebte einst der Riese Ekko. Er liebte die Stille und die Einsamkeit. Eines Tages wurde der Lebensraum des Riesen empfindlich gestört. Ein Drache trieb sein Unwesen im Taunusgebirge und hatte einen Ausschlupf gefunden. Ekko machte sich auf die Suche nach dem Eindringling. Der Riese hatte Angst davor, dass der feuerspeiende Drache seine Heimat, die liebgewonnen Taunuswälder, in Brand steckte. Als der Drache den Riesen erblickte, verschwand er blitzschnell in seiner Höhle. Zornig stieß Ekko seine mächtige Lanze in den Boden, um den Drachen in seinem Versteck aufzuspüren. Aus der Tiefe hörte er nur ein spöttisches Lachen. Als er seine Lanze wieder aus dem Boden herauszog, traf ihn ein gewaltiger Strahl heißen Wassers mitten ins Gesicht. Das machte den Riesen noch wütender. 27mal stieß er seine Lanze tief in die Erde. Dieses Mal traf ihn ein so heftiger und heißer Wasserstrahl, dass er sich gerade noch abstützen konnte. Dabei gruben sich seine linke Hand und der Unterarm tief in das Erdreich ein.

Die Mittelhand schuf den Wiesbadener Kessel, in dem sich später die Stadt entwickelte. Der Abdruck des linken Daumens ergab das Rambachtal, die weiteren vier Finger bildeten das Dambach- und Nerotal sowie das Kesselbach- und Wellritztal. Der Unterarm schuf das Salzbachtal, das im Stadtgebiet alle Bäche zusammenfasst. Aus den 27 Einstichen der Lanze sprudelten später die Wiesbadener Quellen.

Erdwissenschaftler (Geologen) weisen diese Entstehungsgeschichte Wiesbadens in die Welt der Sagen. Unbestritten ist, dass es Riesenkräfte waren, die den Wiesbadener Naturraum im Laufe unserer Erdgeschichte geschaffen haben. Mehrmals wurde das Festland vom Meer überflutet. Es hinterließ mächtige Ablagerungen mit Tier- und Pflanzenresten. Gewaltige Kräfte aus dem Erdinnern türmten Gebirge auf und ließen Vulkane ausbrechen, die im Laufe von Jahrmillionen durch Wasser und Wind wieder abgetragen wurden. Für die Umwelt und die Entwicklung Wiesbadens sind Taunus und Rhein, Täler und Bachläufe, Talkessel und Quellen von größter Bedeutung.

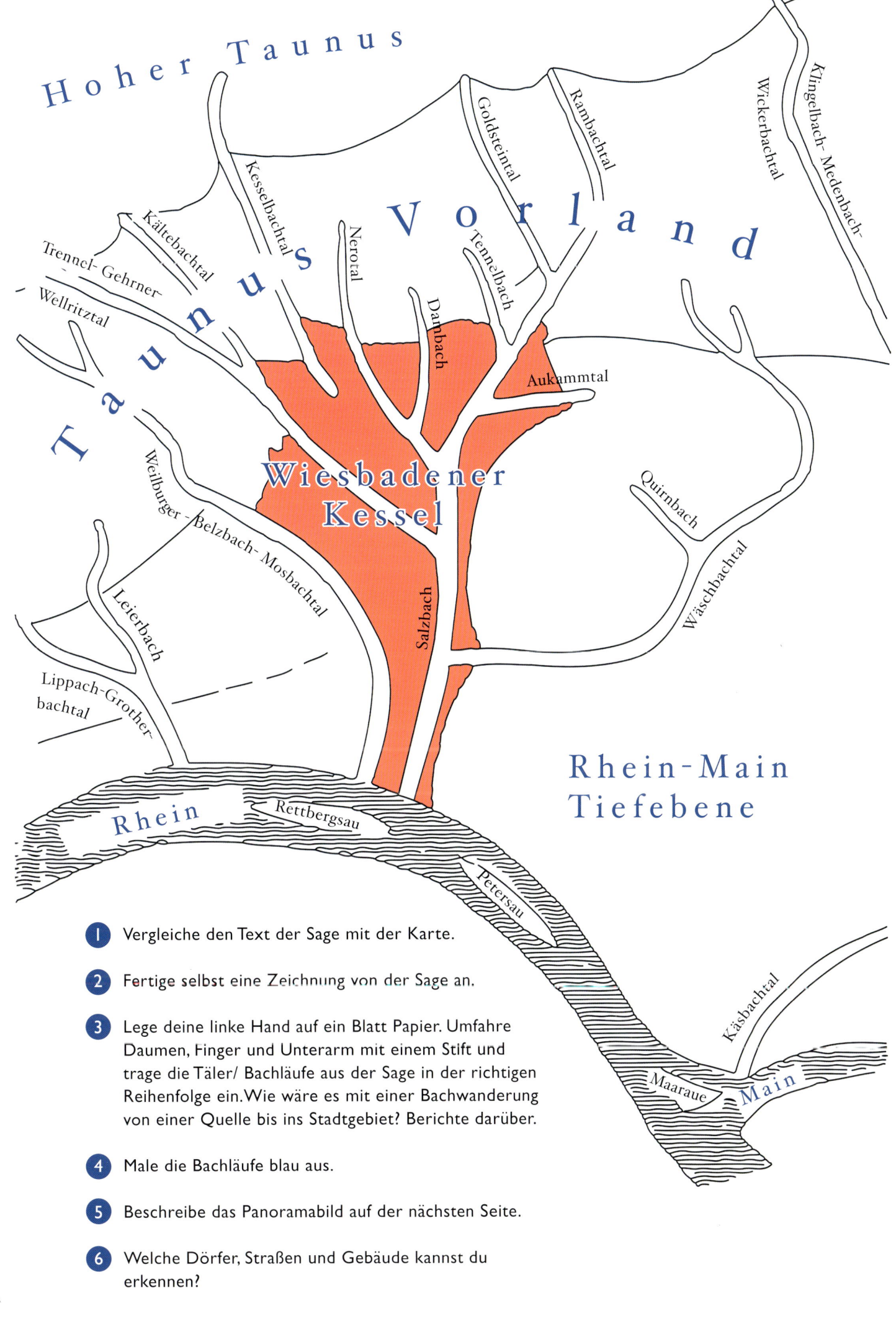

Hoher Taunus

Taunus Vorland

Taunus

Wellritztal

Trennel- Gehrner-

Kältebachtal

Kesselbachtal

Nerotal

Dambach

Goldsteintal

Rambachtal

Tennelbach

Wickerbachtal

Klingelbach- Medenbach-

Aukammtal

Wiesbadener Kessel

Quirnbach

Weilburger - Belzbach- Mosbachtal

Wäschbachtal

Leierbach

Salzbach

Lippach-Grother-
bachtal

Rhein-Main
Tiefebene

Rhein

Rettbergsau

Petersau

Käsbachtal

Maaraue

Main

1 Vergleiche den Text der Sage mit der Karte.

2 Fertige selbst eine Zeichnung von der Sage an.

3 Lege deine linke Hand auf ein Blatt Papier. Umfahre
Daumen, Finger und Unterarm mit einem Stift und
trage die Täler/ Bachläufe aus der Sage in der richtigen
Reihenfolge ein. Wie wäre es mit einer Bachwanderung
von einer Quelle bis ins Stadtgebiet? Berichte darüber.

4 Male die Bachläufe blau aus.

5 Beschreibe das Panoramabild auf der nächsten Seite.

6 Welche Dörfer, Straßen und Gebäude kannst du
erkennen?

Dieses Bild hat der Künstler Hans Lack (1886-1977) vor etwa 100 Jahren aus der Vogelperspektive von Wiesbaden gemalt. Mit 100.000 Einwohnern war Wiesbaden Großstadt geworden. 1906 wurde der Hauptbahnhof in Betrieb genommen und ein Jahr später das neue Kurhaus eingeweiht. Die meisten der Wiesbaden umgebenden Dörfer waren noch nicht eingemeindet. Biebrich zum Beispiel war ein selbständiger Ort mit 20.000 Einwohnern. Die ersten Straßenbahnen fuhren und der Salzbach, der in Wiesbaden alle Bäche zusammenfasst, floss in einem Kanal durch das Stadtgebiet.

Wiesbadener Bücherschatz

Wilhelm Döringer, 1977

Nach dem Fund des Bücherschatzes vom Dachboden sind Marie und Bruno neugierig geworden und untersuchen das Bücherregal von Papa im Arbeitszimmer etwas genauer. Das ist eine wahre Fundgrube von Büchern über Wiesbaden. Es sind weit über dreihundert, die in Reih und Glied gut geordnet im Regal stehen. Sie wollen wissen, wie und warum Papa so viele Bücher über Wiesbaden zusammengetragen hat. Als er von der Arbeit in der Schule nach Hause kommt, erzählt er, dass er sich schon als kleiner Junge für Heimatkunde interessiert hat. Auch sein alter Lehrer hat ihn für dieses Fach in der Schule begeistert. „Man sieht nur das, was man weiß", pflegte sein Grundschullehrer in Anlehnung an den großen Dichter Goethe seinen Schülern mit auf den Weg zu geben. So hat Papa im Laufe der Jahre viele Bücher über Wiesbaden und seine Umgebung zusammengetragen. Kein Flohmarkt, keine Bücherei, keine Bibliothek und kein Antiquariat wurden ausgelassen.

„Aber die vielen gescheiten Autoren, die diese Bücher schrieben, haben uns Kinder fast immer vergessen", meint Bruno. „Wäre das nicht eine Aufgabe für dich, Papa, ein neues Buch über Wiesbaden für Kinder zu schreiben, in dem Kinder auf Forschungs- und Entdeckungsreise in ihrer Heimatstadt gehen", schlägt Marie vor.

Nach einiger Bedenkzeit stimmt ihr Vater unter der Bedingung zu, dass Marie und Bruno ihn dabei tatkräftig unterstützen. Alle sind sich einig, dass der Riese Ekko der Stadtführer für dieses Buch sein soll. „Er soll doch nicht in seiner Taunushöhle versauern", meinen Bruno und Marie, „sondern mit auf Entdeckungstour durch das Wiesbaden von gestern und heute gehen". „Damit er als Riese im Stadtgebiet nicht auffällt, ist es notwendig, dass wir Ekko einen tüchtigen Schluck Zaubertrank von den Wiesbadener Heilquellen verabreichen", schlägt Bruno vor.

Jürgen Heller, Karin Rau, 1987

„Er soll ja nicht ganz unsichtbar sein, sondern mal gut versteckt, mal leicht sichtbar die Kinder durch das ganze Buch begleiten", sind sich Marie und Bruno einig.

Marie und Bruno machen sich Gedanken darüber, wie sie den Kindern mit Texten, Zeichnungen und Rätseln viel Wissens- und Sehenswertes ihrer Heimatstadt näher bringen können.

In den nächsten Wochen und Monaten vertiefen sie sich in die vom Vater bereitgestellte Bücherkiste. Wie eine Raupe lesen sie sich durch Reisebeschreibungen, Bildbände, Sagen und Geschichten. Eine kleine empfehlenswerte Auswahl findest du im „Wiesbadener Bücherschatz" auf Seite 138-139.

Prof. Franz Otto, 1877

Franz Bossong, 1894

Georg Jordan, 1910

Georg Jordan ca. 1930

Karl Döringer, 1935

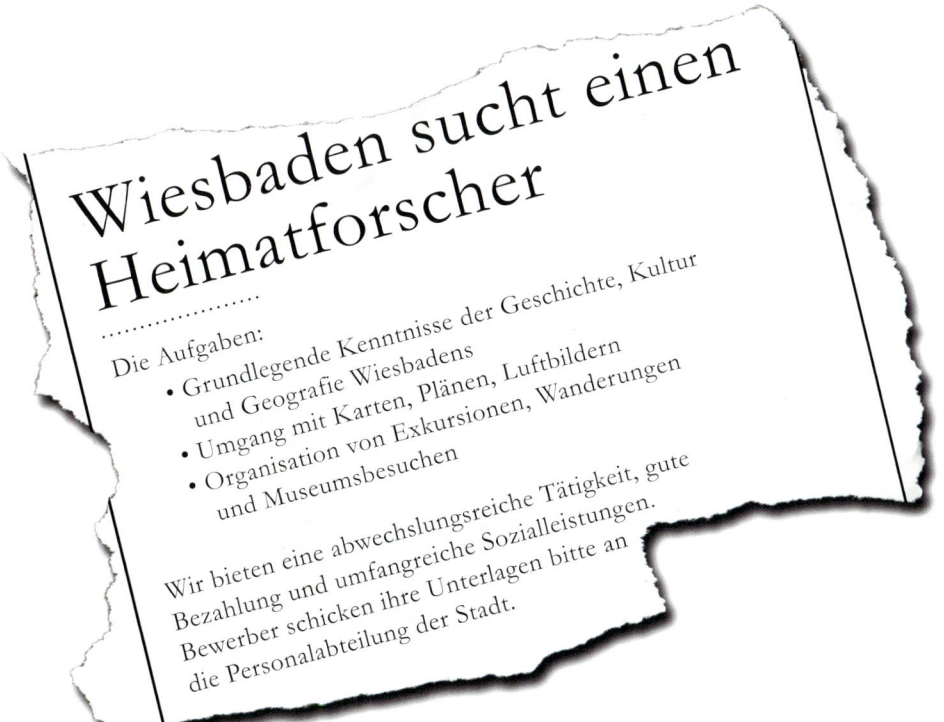

Wiesbaden sucht einen Heimatforscher

Die Aufgaben:
- Grundlegende Kenntnisse der Geschichte, Kultur und Geografie Wiesbadens
- Umgang mit Karten, Plänen, Luftbildern
- Organisation von Exkursionen, Wanderungen und Museumsbesuchen

Wir bieten eine abwechslungsreiche Tätigkeit, gute Bezahlung und umfangreiche Sozialleistungen. Bewerber schicken ihre Unterlagen bitte an die Personalabteilung der Stadt.

Der Zufall will es, dass Bruno eine Anzeige in einer Wiesbadener Tageszeitung liest: Wiesbaden sucht einen Heimatforscher. „Das wäre doch was für Ekko", meint Bruno. „Dann kann er nämlich höchst offiziell als Heimatforscher Kinder, Eltern, Großeltern, Gäste und Schulklassen durch die Stadt führen." Marie ist von der Idee begeistert. Beide machen sich auf den Weg zum Riesen Ekko und zeigen ihm die Stellenanzeige. Ekko will unbedingt diese Stelle haben. Sie fangen an ihre Entdeckungsreise zu planen.

Zu ihrer Ausrüstung gehört ein Fotoapparat, der Entdeckerpass, ein Stadtplan, Schreibzeug, eine Lupe und ein kleiner Rucksack. Jetzt kann die Entdeckungsreise durch Wiesbaden endlich beginnen, denn das Abenteuer findet direkt vor der Haustür statt.

Goethe hatte recht:
„... man bedarf in Wiesbaden nur einer Viertelstunde Steigens, um in aller Herrlichkeit der Welt zu blicken".

Wiesbaden, Kur- und Landeshauptstadt seit 1945

13

Deine Heimatstadt
stellt sich vor

Nach dem Motto: „Man sieht nur, was man weiß und behält nur, was man auch selbst erarbeitet hat", haben Marie, Bruno und Ekko aus dem Bücherschatz viel Wissenswertes über die Stadt Wiesbaden zusammengetragen.

Wiesbadener Stadtwappen

Das Wiesbadener Stadtwappen zeigt drei goldene Lilien auf blauem Grund. Das Rätsel um die Herkunft dieses Lilienwappens ist nicht eindeutig geklärt. Wappenforscher sind der Meinung, dass es auf das Wappen der französischen Könige zurückgeht. Andere Experten gehen davon aus, dass es sich um ein Gerichtssiegel aus dem 16. Jahrhundert handelt. Das älteste bekannte Stadtsiegel von Wiesbaden ist zu Beginn des 14. Jahrhunderts entstanden. Es zeigt den Löwen in dem mit Schindeln bestreuten Schild der Grafen von Nassau. Aus dem 18. Jahrhundert stammt das Wappen, das sich bis heute auf dem Marktbrunnen findet.

Stadtwappen der Landeshauptstadt

Stadtwappen am Marktbrunnen von 1753

Wiesbadener Stadtsiegel, 14. Jahrhundert

Siegel dienen in erster Linie als Beglaubigungs- und Beweismittel. Wappen hingegen stammen aus dem Ritter- und Turnierwesen, dienen als Eigentums- und Erkennungszeichen.

Stadt zwischen Taunus und Rhein

Wiesbaden liegt am Südhang des Taunus in einem weiten Talkessel, geschaffen von mehreren Taunusbächen. Das Gebirge schirmt Wiesbaden von Winden aus Nordwest ab und ist ein wesentlicher Grund für das relativ warme Klima.

Im Südosten erstreckt sich das Stadtgebiet bis an den Rhein. Für die Wiesbadener Industrie ist er ein wichtiger Transportweg. Außerdem dient er als Trinkwasserquelle und ist Naturschutz- und Erholungsgebiet für die Wiesbadener Bevölkerung.

Einige kleine Täler und Bachläufe, die vom Taunus herkommen, reichen bis zur Stadtmitte. Diese Einschnitte sind für den Luftaustausch der Innenstadt von großer Bedeutung. Die Stadt liegt in einem Kessel, der sich weit nach Süden zum Rhein hin öffnet. Diese Kessellage ist für eine ganze Reihe von Umweltproblemen verantwortlich. Im Westen grenzt die Stadt an den Rheingau. Der Rheingau erstreckt sich von Wicker bis nach Lorchhausen. Es ist eine Landschaft, die durch den Weinbau geprägt und bekannt ist und viel Fremdenverkehr anzieht. Im Osten liegen Ackerflächen und zahlreiche Dörfer des Taunusvorlandes. Es ist eine sehr fruchtbare Landschaft. Hier wird Obst- und Ackerbau betrieben. Im sogenannten „Ländche" gibt es noch einige landwirtschaftliche Betriebe.

In der Rhein-Main-Ebene, im Südosten der Stadt, gibt es zahlreiche Industrie- und Gewerbebetriebe sowie Verkehrswege. Autobahnen, Schnellverkehrswege (A 66), Eisenbahn- und S-Bahnlinien bestimmen die Landschaft.

Orthofoto, Senkrecht-Luftbild 2008
Vermessungsamt / Luftbildstelle

Stadtgebiet Wiesbaden

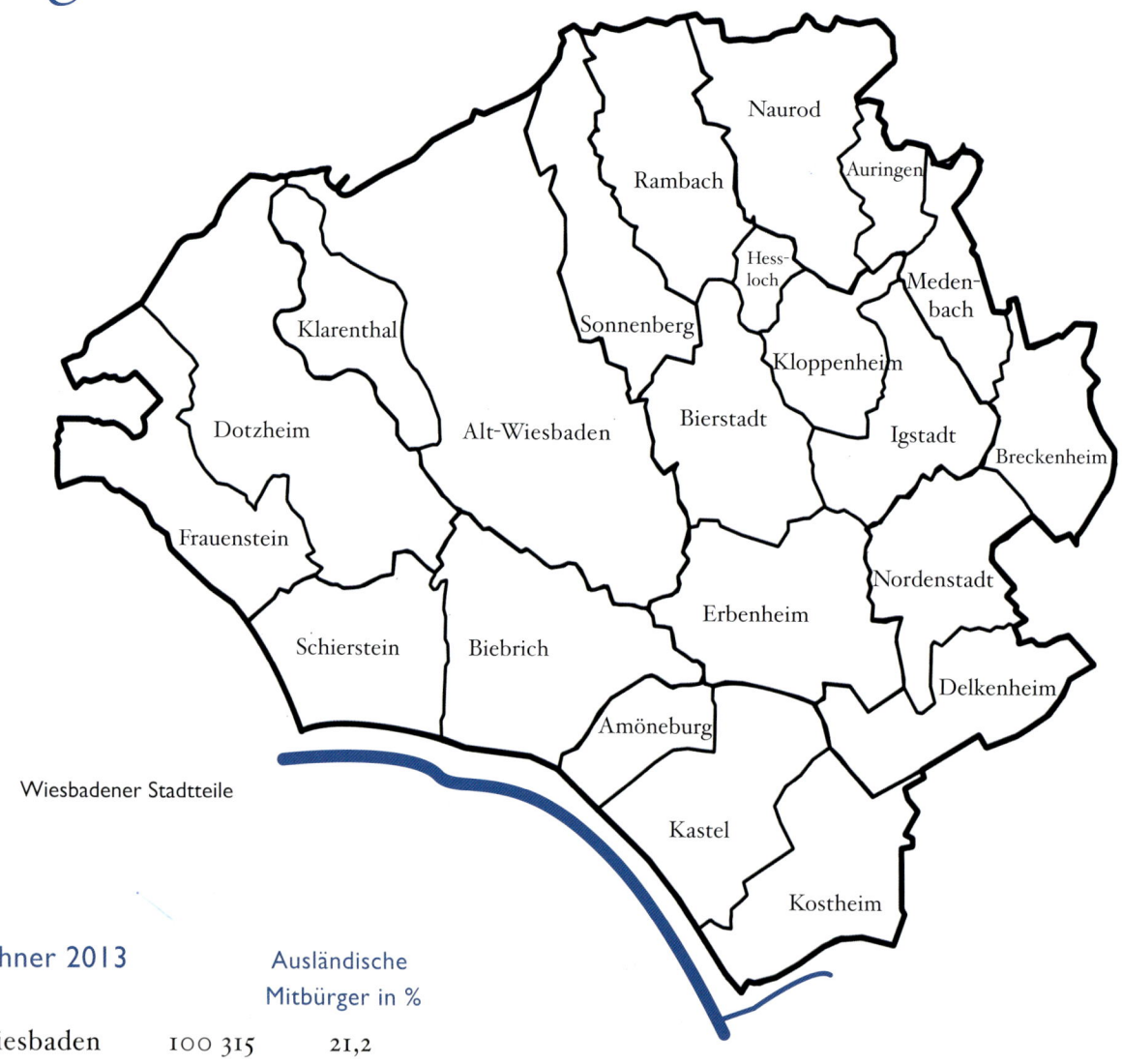

Wiesbadener Stadtteile

Einwohner 2013

	Einwohner 2013	Ausländische Mitbürger in %
Alt-Wiesbaden	100 315	21,2
Amöneburg	1 475	25,9
Auringen	3 401	4,9
Biebrich	37 544	21,8
Bierstadt	12 176	10,1
Breckenheim	3 387	5,3
Delkenheim	5 046	10,9
Dotzheim	26 602	15,7
Erbenheim	9 610	19,1
Frauenstein	2 381	5,6
Hessloch	685	3,9
Igstadt	2 138	4,4
Kastel	12 418	20,2
Klarenthal	10 446	16,2
Kloppenheim	2 309	6,1
Kostheim	14 119	19,1
Medenbach	2 472	6,8
Naurod	4 363	4,9
Nordenstadt	7 820	9,4
Rambach	2 171	7,4
Schierstein	10 162	13,6
Sonnenberg	8 030	7,6
Wiesbaden insgesamt	279 070	17,3

Neben Alt-Wiesbaden bilden heute 21 Ortsbezirke (Stadtteile, Vororte) die Landeshauptstadt Wiesbaden. Durch die vier Eingemeindungen (1926, 1928, 1945, 1977) hat sich die Einwohnerzahl und die Siedlungsfläche der Stadt wesentlich vergrößert. Wiesbaden ist eine internationale Stadt. Hier leben und arbeiten Menschen aus 170 Ländern. Durch die Eingemeindung der Industrievororte Biebrich und Schierstein (1926) erhielt Wiesbaden zudem Zugang zum Rhein. 1945 wurden auf Anordnung der amerikanischen Militärregierung die damaligen Mainzer Industrievororte Amöneburg, Kastel und Kostheim dem Stadtkreis Wiesbaden eingegliedert. Seit dieser Zeit gehören die sogenannten AKK-Vororte zu Wiesbaden. Viele Dörfer und Gemeinden verloren durch die Eingemeindung ihre Selbstständigkeit, andererseits wurden die Einnahmen der Stadt größer. Obwohl in die Stadt eingemeindet, versuchen die einzelnen Stadtteile ihre eigene „Ortsgeschichte" zu bewahren. So besitzt zum Beispiel jeder Stadtteil sein eigenes Wappen, seine eigene Ortsverwaltung, seinen Ortsbeirat und Heimatverein.

Digitales Geländemodell von Wiesbaden
Hrsg. Vermessungsamt der Landeshauptstadt Wiesbaden

Wiesbaden in Zahlen
(Geografische Angaben)

Stadtfläche:
204 Quadratkilometer

Größte Ost-West-Ausdehnung	19,7 km
Größte Nord-Süd-Ausdehnung	17,6 km
Länge der Stadtgrenze	78,8 km

Höhenlage:
Höchster Punkt:

Nähe Hohe Wurzel, Rheinhöhenweg	608 m

Niedrigster Punkt:

Hafeneinfahrt Schierstein	83 m

Innenstadt:

(Schlossplatz, Rathaus)	115 m

Flüsse:

Länge des Rheins im Stadtgebiet	10,3 km
Länge des Mains im Stadtgebiet	2,9 km

Temperatur/Niederschlag:

Mittlere Jahrestemperatur	9,8° C
Niederschläge im Jahresdurchschnitt	634 Liter

1 Male deinen Stadtteil farbig aus.

2 Welcher Stadtteil hat die höchste/ niedrigste Einwohnerzahl?

3 Erstelle einen Steckbrief für deinen Stadtteil: Wappen, Einwohnerzahl, ausländische Mitbürger, Geschichte, Sehenswürdigkeiten.

4 Was gefällt dir in deinem Stadtteil, was gefällt dir nicht? Du kannst dies aufschreiben, fotografieren oder zeichnen.

5 Finde im Atlas Wiesbadens geografische Länge und Breite.

6 Ermittle mit einer Stadtkarte die Höhe der Wiesbadener Hausberge:

Platte		m
Schläferskopf		m
Kellerskopf		m
Hohe Wurzel		m
Neroberg		m

Amtlicher Stadtplan

N assaus bedeutendster Baumeister war Christian Zais. Er plante
Wiesbadens „Historisches Straßenfünfeck". Es umfasste die
Friedrich-, Wilhelm-, Taunus-, Röder- und Schwalbacher Straße.
Innerhalb dieses historischen Straßenfünfecks liegt die Altstadt.
Hier gibt es noch verwinkelte Straßen und schmale Gassen. Diese
wurden später mit Allee-Straßen in Form eines Fünfecks umgeben.

Orthofoto Wiesbadener Innenstadt
Bildflug von 2008

1 Suche das „Historische Straßenfünfeck" auf der Karte.
Kannst du das „Fünfeck" auch auf dem Luftbild erkennen?

2 Versuche die folgenden Plätze und Gebäude auf Karte und
Luftbild zu finden: Bahnhof, Theater und Kurhaus, Rhein-Main-
Halle, Museum, Luisenplatz, Schlossplatz mit Rathaus, Landtag
und Marktkirche sowie Freizeitpark „Alter Friedhof".

Reiseziel Wiesbaden

Leporello-Postkarte aus dem Wiesbadener
Verlag C.v.d.Boogaart, um 1910

Seit ein paar Jahren fährt die „Thermine", eine kleine Touristenbahn, durch die Landeshauptstadt und zeigt Einheimischen und Fremden die vielen Sehenswürdigkeiten. Wie annodazumal heißt der Bahnführer der „Thermine" die Gäste im eleganten und historischen Kurbad willkommen. Während dieser Fahrt wird darauf aufmerksam gemacht, dass die Stadt einem Wandel unterliegt. Wiesbaden gehörte zwischen 1850 und 1910 zu den am stärksten besuchten Kurorten in Deutschland und Europa. Heiße Quellen machten Wiesbaden im vorvorigen Jahrhundert zunächst zu einer weltberühmten Kurstadt.

Die Kurgäste brachten viel Geld in die Stadt. Viele Menschen arbeiteten als Handwerker, Künstler, Brunnenweiber oder Dienstboten. Zahlreiche Wäschereien, Reisebüros, Auto- und Kutschenbetriebe warben um die Kur- und Badegäste. Engländer, Franzosen und Russen führten die Gästeliste an.

Kur · Kunst · Kapital · Kongress · Kulturerbe

Es galt als vornehm, nach Wiesbaden zur Kur zu gehen. Von besonderer Anziehungskraft für die vielen Besucher waren das Glücksspiel im Casino, das 1907 fertiggestellte Kurhaus und die jährlichen Kaiserbesuche mit den glanzvoll stattfindenden Maifestspielen. Wer Geld hatte und von Adel war, wählte Wiesbaden als Altersruhesitz. Viele entschieden sich während ihres Aufenthalts in Wiesbaden für immer hier zu bleiben. Das waren ehemalige Generäle, hohe Beamte, Fabrikanten, Professoren und Ärzte. Zeitweise lebten über 200 Millionäre in der Stadt. Über 4.500 Villen sind in dieser Zeit entstanden.

Die Einwohnerzahl verdreifachte sich im Zeitraum von 1866 bis 1878 und überschritt 1905 die Großstadtgrenze von 100.000.

Werbeplakat zur Einweihung des neuen
Kurhauses 1907

Kofferaufkleber sind beliebte Sammelobjekte

Grand Hotels und Reisesouvenirs

In Wiesbaden entstanden viele Grandhotels. Dazu gehörten zum Beispiel der Nassauer Hof, der Schwarze Bock, das Hotel Rose, das Hotel Vier-Jahreszeiten, das Hotel Kaiserhof und das Palasthotel. Diese Nobelherbergen übertrafen mit ihrem Komfort die traditionellen Hotels. Zentralheizung, Lift, Telefon und ein Bad in jedem Zimmer waren selbstverständlich. Daneben boten sie luxuriöse Aufenthaltsräume wie Wintergärten, Ball- und Speisesäle. Zur Kultur des Reisens gehörten auch die Reisesouvenirs.

Wenn Signora Maccaroni aus Italien, Mr. Plumping aus England, Herr von Nigerl aus Österreich anreisten, gehörte es sich, an Ansichtskarten sowie an Hotelaufkleber für die Daheimgebliebenen zu denken. Diese erfreuten sich besonders großer Beliebtheit. Für die Hotels war es eine billige Reklame, für den Hotelgast bedeuteten sie Prestige: „Seht her, ich leiste mir das beste Hotel am Platze". Später kamen Anstecknadeln und Schneekugeln hinzu. Heute sind diese Reiseandenken begehrte Sammelobjekte.

Die Gäste kommen!
Arrivano gli ospiti!
The guests are arriving!

1. Stelle für ausländische Besucher einen eintägigen Stadtrundgang zusammen. Wähle aus dem Bilderbogen von Seite 50 bis Seite 112 fünf Ausflugsziele bzw. Sehenswürdigkeiten aus.

2. Erkundige dich, aus welchen Ländern die meisten Gäste heute kommen.

3. Gestalte eine Werbepostkarte für Wiesbaden.

4. Welche Gegenstände, die dich an deine Heimat erinnern, würdest du in einen Koffer packen, wenn du Wiesbaden verlassen müsstest (vgl. Schatz vom Dachboden).

Wiesbadener Rundreisespiel

Im Wiesbadener Rundreisespiel von 1896 ist es spannend, sich wie ein Detektiv auf Spurensuche zu begeben und die Veränderungen im Stadtbild zu erforschen. Zahlreiche Gebäude sind erhalten geblieben, andere ganz verschwunden, tragen einen anderen Namen oder haben eine andere Bedeutung. Es gibt eine Menge zu entdecken.

1 Beschreibe die Veränderungen im Stadtbild.

2 Die Gebäude Nr. 10, 15 und 34 sind ganz verschwunden. Erkundige dich nach den Ursachen.

3 Frage deine Großeltern über das Wiesbaden von früher und heute.

Wiesbadens heiße Quellen

Brunnenmädchen

Hühnergackern im Ohr?

„Über den Geschmack des Kochbrunnenwassers meinte einst Sir Francis Head, ein pensionierter Major der englischen Armee, es sei zwar übertrieben, dass man beim Trinken „Hühnergackern im Ohr" habe und „vor seinen Augen Federn fliegen sehe", doch schmecke es sehr wohl wie heiße Hühnerbrühe".

Wiesbaden beherbergt einen Schatz in der Tiefe. Es sind die 27 Quellen, die im Stadtgebiet zutage treten. 26 Quellen sind Thermalquellen, denn ihre Wassertemperatur liegt zwischen 46° C und 67° C. Eine Quelle, der Faulbrunnen, zählt wegen seiner geringeren Wassertemperatur nicht zu den Thermalquellen. Wie Perlen auf einer Schnur liegen die fünf Hauptquellen aufgereiht: Salmquelle, Kochbrunnen, Schützenhofquelle, Große- und Kleine Adlerquelle. Wiesbaden liegt auf einer großen Verwerfungslinie am Südrand des Taunus. Durch das Absinken des Oberrheingrabens bildeten sich Brüche und Spalten, in denen Niederschlagswasser bis in große Tiefen absteigen kann. Dieses Wasser wird in der Tiefe aufgeheizt. Das Alter der Wiesbadener heißen Quellen wird auf 500.000 Jahre geschätzt. Das Thermalwasser ist nicht nur heiß, sondern auch salzig. Frühere Meere lagerten vor vielen Millionen Jahren Salze ab (Meereseinbruch durch den Oberrheingraben). In der Tiefe der Erde erhitzt sich das Wasser und nimmt dort Mineralstoffe auf. Diese Mineralstoffe werden aus dem Gestein herausgelöst. Im Wasser der Wiesbadener Quellen ist hauptsächlich Kochsalz enthalten. Insgesamt sind in jedem Liter bis zu 6,7 Gramm Kochsalz gelöst. Rund 14.000 Kilogramm Kochsalz werden täglich von den Wiesbadener Quellen ausgeschüttet. Der Kochbrunnen am Kranzplatz ist die bekannteste Quelle der Stadt und hat eine Temperatur von etwa 67° C. Er allein liefert rund 350 Liter pro Minute und etwa 500.000 Liter Wasser pro Tag. Alle Quellen zusammen spenden etwa zwei Millionen Liter wertvollen Wassers an einem Tag. Schon seit frühgeschichtlichen Zeiten nutzten Menschen die Heilkräfte des Thermalwassers. 1953 hat man bei Bodenarbeiten an der Adlerquelle sehr alte Steinwerkzeuge gefunden. Sie weisen darauf hin, dass bereits vor ca. 20.000 Jahren Menschen die heißen Quellen kannten. Das warme, salzige Wasser diente ihnen vermutlich als Wärme- und Salzspender. Die römischen Soldaten benutzten die heißen Quellen vor rund 2.000 Jahren als Genesungsbad. Aus den rötlichen Salzablagerungen, dem „Sinter", haben erfinderische Römer „mattiakische Kugeln" zum Färben der Haare hergestellt.

Kochbrunnenpavillon mit Trinkhalle, Postkarte von 1912

1 Um mehr über die Wiesbadener Quellen zu erfahren, unternimm eine Exkursion zur Quellenmeile. Denke daran, einen Becher oder ein Glas mitzunehmen, damit du eine „Geschmacksprobe" machen kannst. Trage dein Ergebnis hier ein. Dauer der Exkursion ca. 45 Minuten.

2 Erkundige dich nach den Heilwirkungen des Thermalwassers.

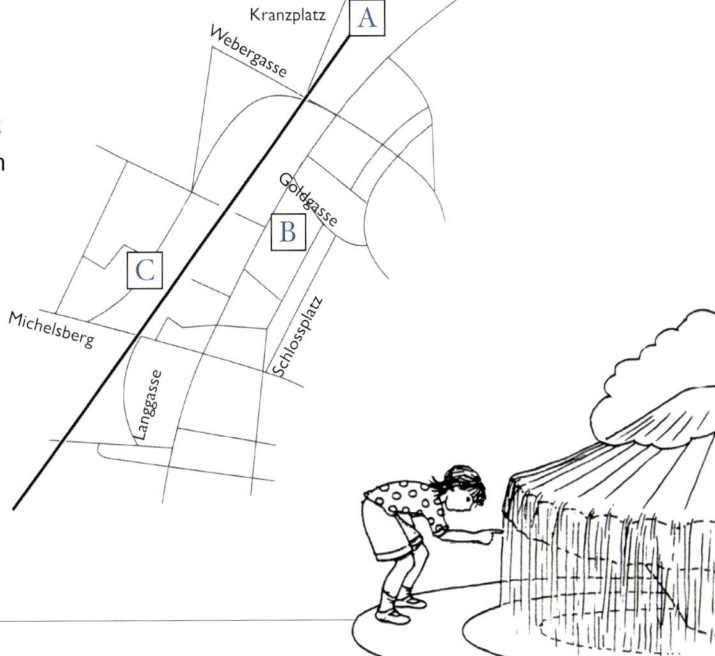

Den Brunnengeistern auf der Spur – eine kleine Thermalwasseranalyse

Kochbrunnenspringer

Station A:
Kochbrunnen, Kochbrunnenplatz

Geruch, Geschmack: faulig, salzig

Temperatur: 67°C

Anteil Kochsalz, Natriumchlorid: _____

Bäckerbrunnen

Station B:
Bäckerbrunnen, Grabenstraße

Geruch, Geschmack: _____

Temperatur: _____

Anteil Kochsalz, Natriumchlorid: _____

Schützenhofquelle

Station C:
Schützenhofquelle, Schützenhofstraße

Geruch, Geschmack: _____

Temperatur: _____

Anteil Kochsalz, Natriumchlorid: _____

Denkmäler stehen nicht nur auf Sockeln

Gutenbergplatz

*Denk mal
ein Denkmal!*

Was ein Denkmal ist, weiß jedes Kind. Auch in Wiesbaden gibt es eine ganze Reihe solcher Denkmäler: Eine Figur steht auf einem Sockel, eine Schrifttafel nennt einen bedeutenden Namen und Gedenksteine erinnern an wichtige Ereignisse.

Um solche Denkmäler geht es hier nicht. Hier geht es um Gebäude, Straßen, Plätze, ja sogar um ganze Stadtviertel. Vor einigen Jahren drohte auch Wiesbaden die Gefahr, sein „unverwechselbares" Stadtbild zu verlieren. Das Bergkirchenviertel sollte abgerissen werden, aus dem „Schiffchen", dem ältesten Stadtbezirk, sollte ein Parkplatz werden. Anstelle alter Villen sollten moderne Bürohäuser entstehen. Gegen diese Pläne wehrten sich viele Bürger erfolgreich. Sie setzten sich für die Erhaltung alter Häuser und Plätze ein.

Fassadencollage

G erade die vielen prächtigen Villen, Fassaden, Parks, Alleen und ehemaligen Grand Hotels verleihen Wiesbaden sein einmaliges Stadtbild. Die meisten dieser erhaltenswerten Häuser entstanden in der Zeit zwischen 1820 und 1910. Viele Gebäude und Plätze wurden unter Denkmalschutz gestellt. Keine Stadt in Deutschland verfügt über eine solche Vielfalt von Gebäuden. Den Anstoß für diese Entwicklung gaben Kaiser Wilhelm I. und Kaiser Wilhelm II. Mit seiner traumhaften Architektur birgt Wiesbaden einen Schatz. Wiesbaden bewirbt sich deshalb um die Aufnahme in die Unesco-Weltkulturerbe-Liste.

Neben den beeindruckenden Villengebieten prägen so unterschiedliche Stadtviertel wie das Bergkirchenviertel, die Großwohnsiedlungen, die Innenstadt, die Gewerbegebiete und die zum Teil noch ländlichen Vororte das Stadtbild.

1 Beschreibe das Stadtviertel, in dem du wohnst: Gebäude, Straßen, Verkehr, Einkaufs- und Freizeitmöglichkeiten, Handwerks- und Gewerbebetriebe.

2 Welche Großwohnsiedlungen, wie z. B. Klarenthal, gibt es in Wiesbaden?

3 Unternimm einen Ausflug ins Nerotal. Dort kannst du zahlreiche Villen, schöne Hausfassaden und einen herrlichen Park mit exotischen Bäumen bewundern.

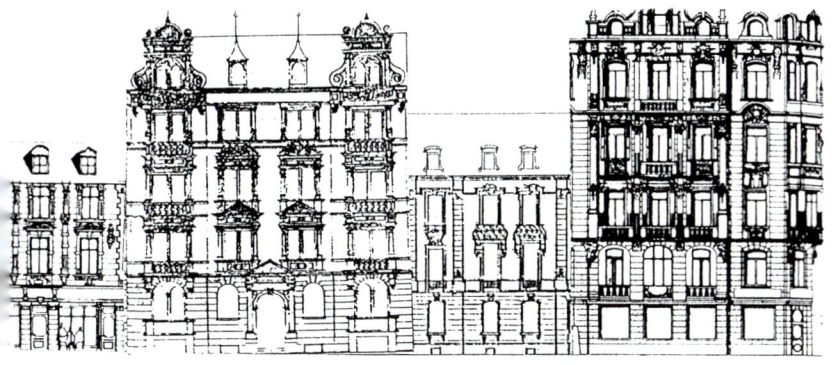

Stadtgemeinde Wiesbaden

Städte und Gemeinden regeln ihre Aufgaben in Selbstverwaltung. Bürgerinnen und Bürger bestimmen, was in ihrer Stadt geschehen soll. Sie können aber nicht über alle Fragen selbst entscheiden. Deshalb wählen sie bei den Kommunalwahlen alle fünf Jahre ein Parlament. Es heißt „Stadtverordnetenversammlung". An der Spitze der Stadtverordnetenversammlung steht der/die Stadtverordnetenvorsteher/in. In Wiesbaden sind 81 Stadtverordnete zu wählen. Sie sind ehrenamtlich tätig. Die Abgeordneten gehören politischen Parteien an. Die Stadtverordnetenversammlung wählt den Magistrat. Sie legt fest, wofür die Steuern, Gebühren und Beiträge (Einnahmen) ausgegeben werden sollen, z. B. ob eine neue Straße angelegt oder eine neue Schule gebaut werden soll.

Der Magistrat ist die Regierung der Stadt. Der Oberbürgermeister und die Stadträte leiten die Ämter der Stadtverwaltung. Seit 1993 wird der Oberbürgermeister von Wiesbaden direkt vom Volk gewählt. Seine Amtszeit beträgt 6 Jahre. Bei bedeutenden Anlässen und Veranstaltungen vertritt der Oberbürgermeister die Stadt nach außen. Die Ortsbeiräte sind „Stadtteilparlamente". Sie beraten die Stadtverordnetenversammlung und den Magistrat bei Entscheidungen, die den Stadtteil betreffen. Der Ausländerbeirat vertritt die Interessen der ausländischen Mitbürgerinnen und Mitbürger.

Das „Goldene Buch" der Stadt

1 Wo kann ich mich impfen lassen?

2 Ich möchte heiraten!

3 Ich bin von Berlin nach Wiesbaden gezogen.

4 Ich möchte alte Wandfarbe entsorgen

6 Mein Personalausweis ist abgelaufen!

Ich hätte gerne einen Termin beim Oberbürgermeister!

5 Ich möchte an einer Jugendfreizeit teilnehmen.

Das Rathaus, Mittelpunkt der Gemeinde

Das Jugendparlament vertritt die Interessen der Wiesbadener Jugendlichen. Es hat 31 Mitglieder, die in geheimer Wahl (Briefwahl) durch die Jugendlichen der Stadt gewählt werden. Wählen können alle Jugendlichen zwischen 14 und 21 Jahren.

Die verschiedenen Ämter und Einrichtungen der Stadtverwaltung sind in Dezernate gegliedert. Für jeden Bereich ist ein Dezernent oder eine Dezernentin zuständig.

Zahlreiche Ämter, die dem Magistrat und dem Oberbürgermeister unterstehen, kümmern sich um die unterschiedlichen Anliegen der Bürgerinnen und Bürger. Einige Ämter befinden sich im Rathaus, viele andere sind in weiteren Gebäuden im Stadtgebiet untergebracht. Seit 2008 gibt es ein zentrales Bürgerbüro. Dort werden die verschiedensten Dienstleistungen angeboten. Auch in den Ortsverwaltungen der jeweiligen Stadtteile können Bürger und Bürgerinnen die vielfältigen Leistungen direkt vor Ort in Anspruch nehmen.

Die Ämter der Stadtverwaltung

☐ Gesundheitsamt

☐ Standesamt

3 Bürgerbüro

☐ Entsorgungsbetriebe

☐ Amt für Soziale Arbeit

☐ Bürgerbüro

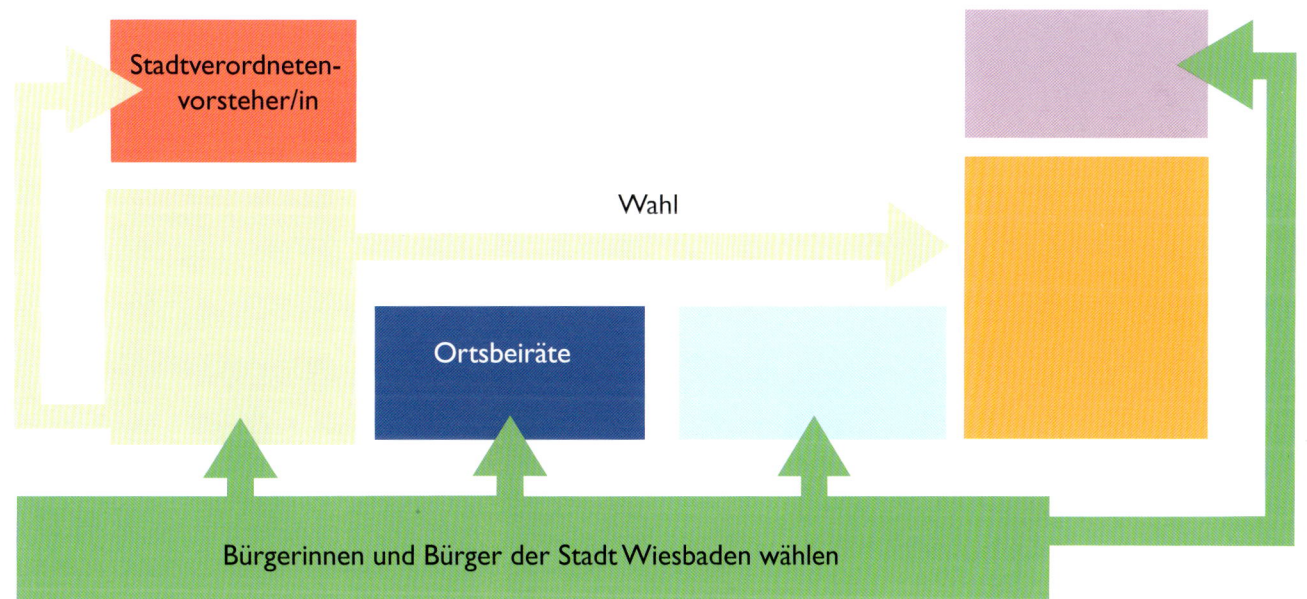

Stadtverordneten-vorsteher/in

Wahl

Ortsbeiräte

Bürgerinnen und Bürger der Stadt Wiesbaden wählen

1 Setze folgende vier Begriffe in das Schaubild ein: Magistrat, Oberbürgermeister/-in, Stadtverordnetenversammlung, Ausländerbeirat

2 Erkundige dich, welche Parteien zur Zeit im Stadtparlament vertreten sind und über wie viele Sitze die jeweilige Partei verfügt.

3 Wie heißt der Oberbürgermeister?

4 Erkundige dich, welche Aufgaben das Bürgerbüro der Stadt hat.

5 Die Sprechblasen enthalten Wünsche und Anliegen von Bürgerinnen und Bürgern. Welche Ämter der Stadtverwaltung sind zuständig? Trage die Ziffern aus den Sprechblasen oben in die Kästchen ein.

6 Welche Gäste tragen sich in das „Goldene Buch" ein?

Wirtschaft und Umwelt

W eil Industriebetriebe oft Lärm und Schmutz mit sich bringen, hatte Wiesbaden sich jahrzehntelang um eine „rauchlose" Industrie bemüht. Die Stadt wollte in erster Linie Wohn- und Kurstadt bleiben. Durch die Eingemeindungen der Industrievororte entwickelte sich Wiesbaden zu einer Industrie- und Wirtschaftsstadt. Die Landeshauptstadt ist Kongress- und Kurstadt, vor allem aber Dienstleistungszentrum.

Wiesbaden bietet für 120.000 Menschen einen Arbeitsplatz. 70.000 davon kommen als Pendler zu ihren Arbeitsplätzen. In Dienstleistungsunternehmen arbeiten 100.000 Menschen, zum Beispiel bei Banken, Versicherungen, Tourismus, Gesundheitswesen und in der Medienbranche. Darunter sind auch viele Behörden wie das Statistische Bundesamt, das Bundeskriminalamt und der Sitz der Landesregierung. Neben den Dienstleistungsunternehmen spielen auch Handwerks- und Industriebetriebe nach wie vor eine wichtige Rolle. Mit seinen Kaufhäusern, Shopping-Malls und seiner Fußgängerzone ist Wiesbaden für die Bewohner des Umlandes eine wichtige Einkaufsstadt. Auch der Weinbau und die Sektherstellung spielen eine wichtige Rolle im Wirtschaftsleben. Zudem ist Wiesbaden ein wichtiger Medienstandort.

Die zentrale Lage im Rhein-Main-Gebiet, vor allem aber die gute Anbindung an den Flughafen Rhein-Main und an das Frankfurter Verkehrskreuz, sind wichtige Standortfaktoren für die in Wiesbaden ansässigen Betriebe. Daneben gilt die Stadt als attraktiver Wohnort mit sehr viel Grün. 40.000 Wiesbadener haben ihren Arbeitsplatz außerhalb der Stadt. Für Studenten ist die Hochschule Rhein-Main und die neu gegründete Wirtschaftsuniversität ein wichtiger Standort im Rhein-Main-Gebiet.

Die 279.000 Einwohner Wiesbadens müssen mit Trinkwasser versorgt werden. Zum privaten Pro-Kopf-Verbrauch von fast 150 Litern pro Tag kommt der Bedarf von Gewerbe, Industrie und Verwaltung. Die Wiesbadener Stadtwerke haben die Aufgabe, den Wasserbedarf der hessischen Landeshauptstadt zu decken. Neben den eigenen Taunusstollen, die etwa 24 % des Wasserbedarfs decken, und der Wassergewinnung aus dem Rhein in Schierstein mit 36 %, trägt auch das Hessische Ried mit rund 40 % zur Wasserversorgung Wiesbadens bei.

In früheren Jahrhunderten wurde das Abwasser in Wiesbaden über die fünf Bäche Rambach, Dambach, Schwarzbach, Kesselbach und Wellritzbach, die sich innerhalb der Stadt zum Salzbach vereinigen, ungereinigt in den Rhein geleitet. Über ein Kanalsystem von 802 Kilometern Länge gelangt das Abwasser heute ins Klärwerk. Dort wird das Abwasser aus Haushalten, Gewerbe und Industrie in mehreren Reinigungsstufen mechanisch und biologisch gereinigt.

Ihren Strom beziehen die beiden Landeshauptstädte Wiesbaden und Mainz aus dem Gas- und Dampf-turbinenkraftwerk auf der Ingelheimer Aue im Rhein. Die Entsorgungsbetriebe der Landeshauptstadt Wiesbaden (ELW) sind für die Entsorgung von Abfall und Abwasser der Stadt zuständig. Täglich fallen ca. 360 Tonnen Abfall in Wiesbaden an. Der häusliche Restabfall wird nicht mehr abgelagert, sondern in einer Abfallumschlagsanlage zwischengelagert, bevor er in einer der Müllverbrennungsanlagen verbrannt wird.

Ebenfalls umgeschlagen werden in der Anlage Altpapier, Bioabfälle sowie Sperrmüll. 930 Kilometer Wiesbadener Straßen und Wege müssen täglich von den Mitarbeitern der Entsorgungsbetriebe sauber gehalten werden.

1 Ordne die Abbildungen dem Schaubild auf Seite 34-35 zu.

2 Den Fotos fehlen die Bildunterschriften:
Kraftwerk, Kläranlage, Deponie, Trinkwasserstollen, Abwasserkanal, Einkaufsstadt, Industrie, Dienstleistungszentrum, Landwirtschaft.

3 Zu den „Tagen der offenen Tür" und zu bestimmten Terminen kannst du die Umwelteinrichtungen der Stadt besichtigen.

4 In welchen Branchen arbeiten deine Eltern?

5 Mit welchem Verkehrsmittel erreichen deine Eltern ihren Arbeitsplatz?

Stadt und Umland

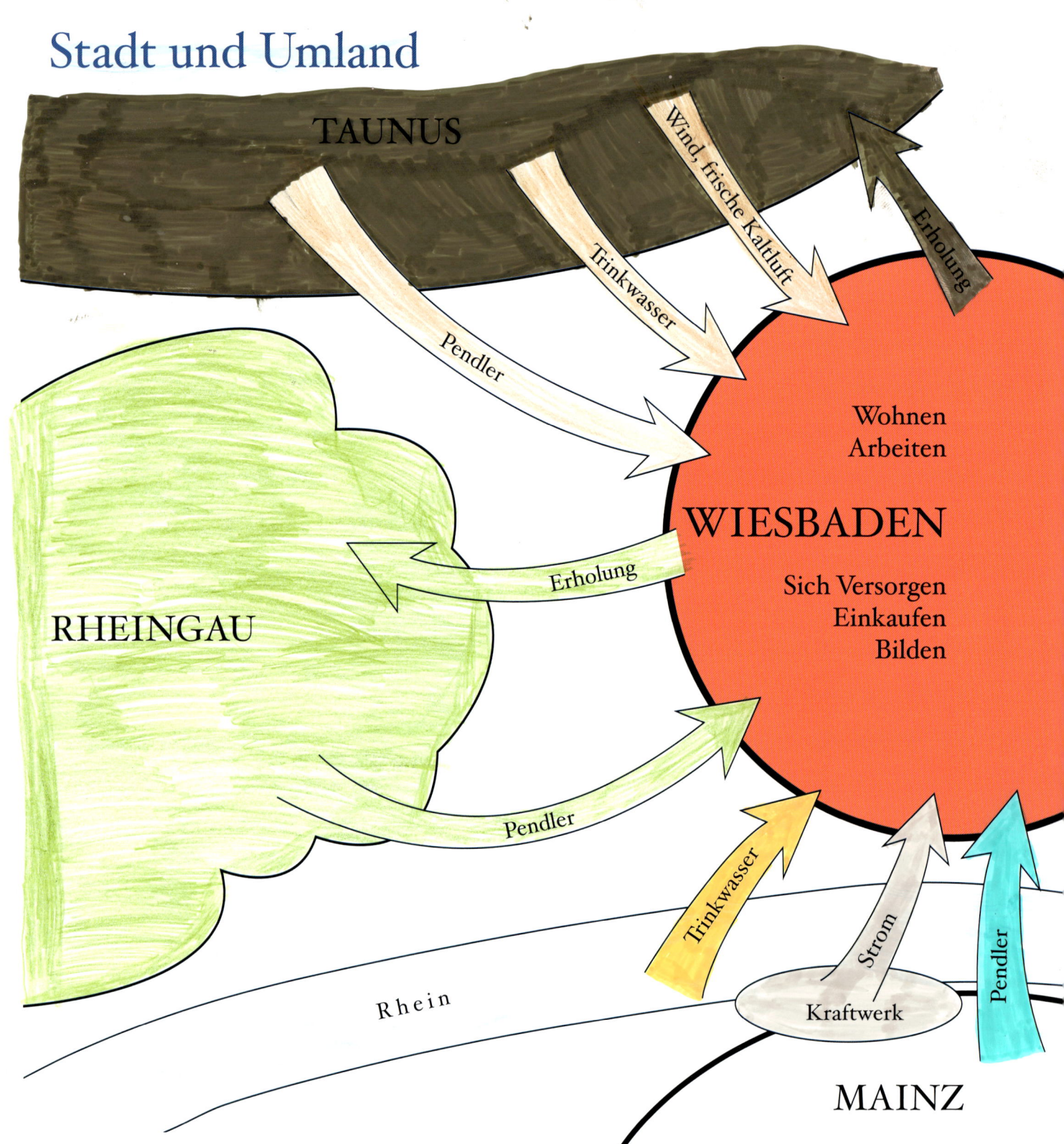

TAUNUS

Wind, frische Kaltluft

Trinkwasser

Pendler

Erholung

Wohnen
Arbeiten

WIESBADEN

Sich Versorgen
Einkaufen
Bilden

RHEINGAU

Erholung

Pendler

Rhein

Trinkwasser

Strom

Pendler

Kraftwerk

MAINZ

Das Schaubild zeigt, wie Wiesbaden wirtschaftlich und ökologisch mit seinem Umland verflochten ist. War die Stadt vor 200 Jahren noch klar von den umliegenden Dörfern getrennt, so ist sie heute auf vielfältige Weise mit ihrem Umland vernetzt. Die Weiterentwicklung der einzelnen Verkehrsmittel, wie Eisenbahn, Bus und vor allem des Autos haben wesentlich dazu beigetragen, dass sich die Stadt immer weiter ausgedehnt hat.

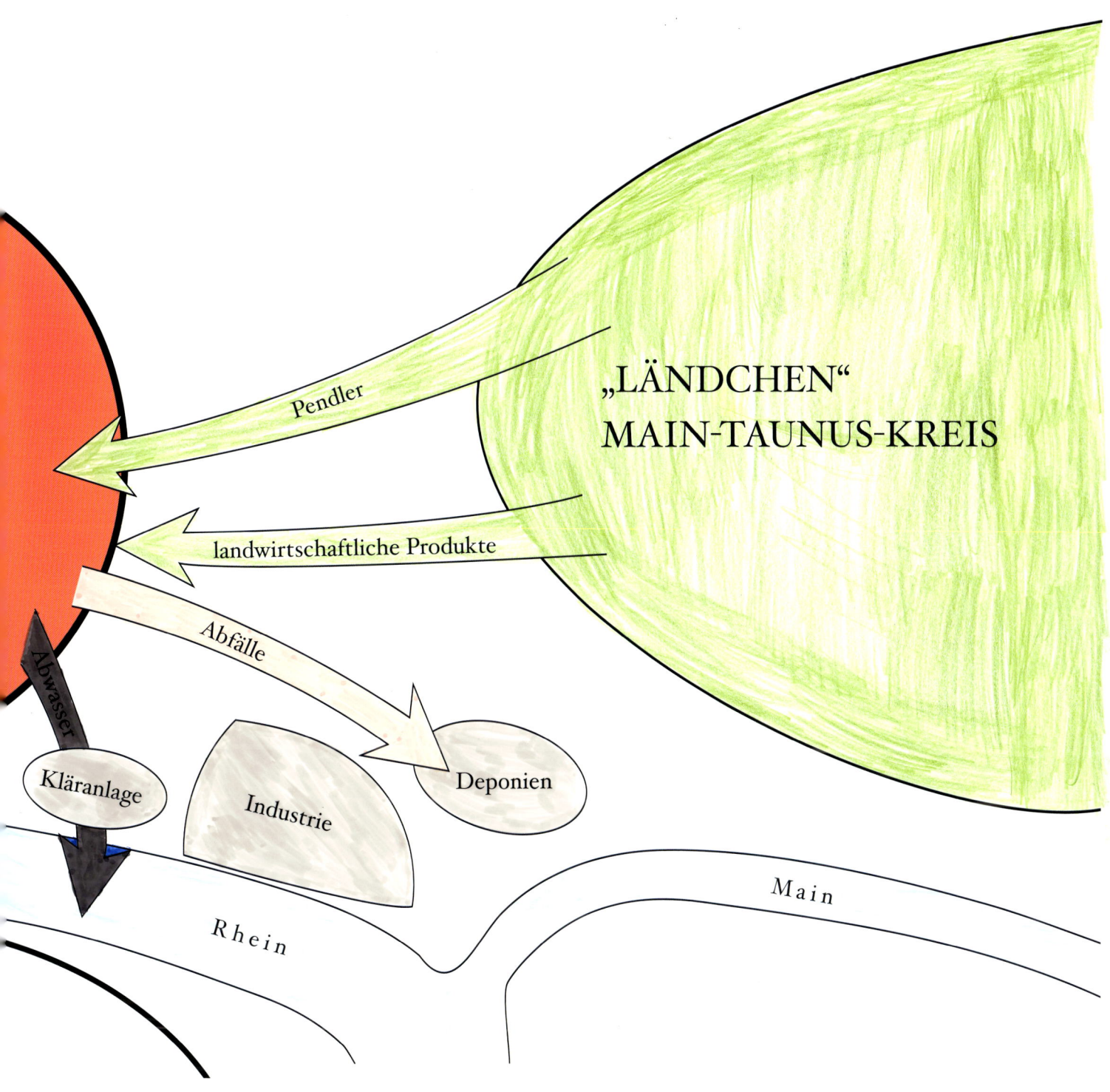

Pendler

landwirtschaftliche Produkte

„LÄNDCHEN"
MAIN-TAUNUS-KREIS

Abfälle

Abwasser

Kläranlage

Industrie

Deponien

Rhein

Main

1. Male farbig aus: Taunus (braun). Rheingau und Ländchen (grün), Rhein und Main (blau), Kraftwerk, Kläranlage, Industrie, Deponie und Kraftwerk (grau).

2. Schreibe einen Bericht, wie Wiesbaden mit seinem Umland (Taunus, Rheingau, Rhein, „Ländchen" und Mainz) verflochten ist.

3. Aus welchen Umlandgemeinden kommen die Pendler zur Arbeit nach Wiesbaden?

4. Woher bezieht Wiesbaden neben dem Hessischen Ried sein Trinkwasser?

5. Nenne Gründe, warum viele Menschen zur Erholungssuche in den Taunus und in den Rheingau fahren.

Natur in der Stadt

Plakat zur Sonderausstellung, 2004

Wälder, Bachauen, Feldgehölze, Hecken, Feuchtgebiete, Streuobstwiesen, Steinbrüche sowie Grünland- und Ackerbauflächen bilden ein abwechslungsreiches Landschaftsbild. Sie bieten Vögeln, Säugetieren, Insekten, Reptilien und Amphibien einen wertvollen Lebensraum. Es reicht aber nicht aus, die einzelnen, darin vorkommenden Tier- und Pflanzenarten zu schützen, sondern es gilt ganze Biotope zu erhalten und miteinander zu verbinden. Das Umweltamt der Stadt Wiesbaden hat in enger Zusammenarbeit mit Naturschutzgruppen und Naturschutzverbänden Landschaftsparks ausgewiesen und unter besonderen Schutz gestellt. Besonders das Goldsteintal, der Rabengrund und die Rettbergsau sind ein Paradies für Naturliebhaber. „Eine Stadt ist so reich, wie ihre Bäume zahlreich sind", besagt eine alte Volksweisheit. Für Wiesbaden mit seinen Parkanlagen, den prachtvollen Alleen, den Bäumen in den Wohnstraßen und auf den Plätzen trifft das besonders zu. Die Stadt verfügt über etwa 26.000 zum Teil weit über 100 Jahre alte Stadtbäume in Anlagen und Straßen. Über 50 Baumarten bereichern das Stadtbild.

Daneben gibt es zahlreiche exotische Bäume in Parks und Anlagen zu bestaunen (Fasanerie, Warmer Damm und Nerotal-Anlage). Neben der auf 1.000 Jahre geschätzten Blutlinde in Frauenstein gehören auch die Eichen auf dem Neroberg zu den kostbarsten Bäumen der Stadt. Diese uralten Bäume haben über Jahrhunderte Stürmen, kalten Winden, Blitzschlag und menschlichen Eingriffen getrotzt. Der Wiesbadener Stadtwald legt sich wie ein grünes Band an den Taunushängen um die Stadt. Er macht rund ein Fünftel des Stadtgebietes aus. Die Buche ist mit 55 % die am stärksten vertretene Baumart. Es folgen die Eichen mit 25 % . Weitere Baumarten sind die Fichte mit 13 % und die Kiefer mit 7 %.

Mammutbäume in der Fasanerie

☐

_____ SITTICH   _____ GANS

☐   ☐

_____ KRÖTE   KORMORAN

☐   ☐

_____ SALAMANDER   _____ NATTER

☐   ☐

_____ FLEDERMAUS   _____ STORCH

☐   ☐

_____ KÄFER   _____ REIHER

1 Die 10 abgebildeten Tierarten stellen für Wiesbaden eine Besonderheit da. Ordne die Begriffe und die Buchstaben der jeweiligen Tierart zu.

Storch, Frosch und Co. - eine Rätselaufgabe für Naturforscher

A   Säugetier, das fliegen kann
B   Größter einheimischer Käfer
C   Größte in Deutschland vorkommende Schlange
D   Kommt aus Indien und brütet im Biebricher Schlosspark
E   Lurchi erkennt man an der auffälligen Färbung
F   Die Weibchen tragen die Männchen im Huckepack
G   Beliebter Parkvogel aus Afrika
H   Hat eine Flügelspannweite von 2,20 Meter
I   Hervorragender Schwimmer und Taucher
J   Brütet auf hohen Bäumen in Kolonien

ZWERG	*HIRSCH*	*WEISS*
HALSBAND	*FEUER*	*ERD*
NIL	*ÄSKULAP*	*GRAU*

2 Erstelle einen Steckbrief für die Tierart, die dich besonders interessiert.

3 Besuche den Waldlehrpfad auf dem Neroberg. Dort erfährst du viel über das Ökosystem des Waldes.

4 Die vier Revierförstereien (Seite 146) organisieren für Schulklassen Exkursionen in den Wald.

5 Gestalte ein Baumtagebuch. Trage deine Beobachtungen im Jahreslauf ein.

6 Beachte die im Wanderknigge auf Seite 136 aufgeführten Verhaltensregeln in der Natur.

7 Adressen von Naturschutzverbänden findest du im Anhang des Buches.

Wiesbadens Partnerstädte

Dreizehn Partnerstädte hat die Landeshauptstadt Wiesbaden. Ziel dieser Städtepartnerschaften ist die Freundschaft und die Verständigung zwischen den Völkern. Gegenüber dem Hauptbahnhof steht eine „Säule" mit allen Wiesbadener Partnerstädten. Auf ihr kann man neben dem Namen der Partnerstadt das Stadtwappen und das Entstehungsjahr der Städtepartnerschaft entnehmen.

1   Klagenfurt
2   Montreux
3   Berlin-Kreuzberg
4   Gent
5   Tunbridge Wells
6   Fondettes
7   Ljubljana
8   San Sebastian
9   Kefar Sava
10 Wroclaw (Breslau)
11 Görlitz
12 Ocotal
13 Fatih (Istanbul)

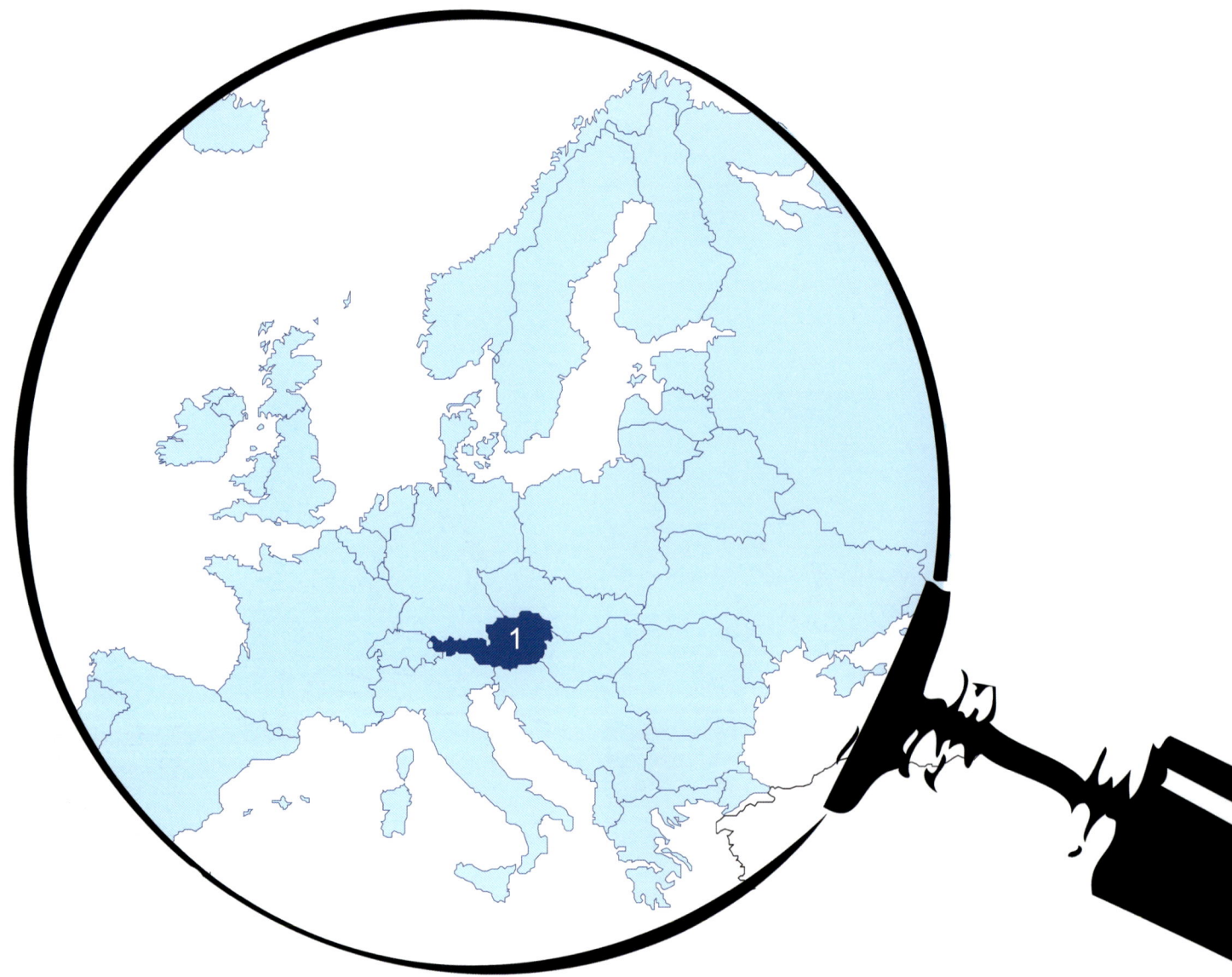

1 Stelle mit Hilfe der Europakarte fest, zu welchem Staat die Partnerstadt gehört. Trage die Zahl in die Staatenkarte ein. Zwei Städtepartnerschaften sind nicht auf der Karte zu finden, denn Ocotal liegt in Nicaragua (Mittelamerika) und Kfar Sava gehört zu Israel im Nahen Osten.

2 Erstellt in der Klasse jeweils einen Steckbrief einer Partnerstadt: Staat, Flagge, Beginn der Städtepartnerschaft, Einwohnerzahl, Sehenswürdigkeiten und Besonderheiten.

Zeittafel

Von der Urzeit bis heute

Wiesbaden in der Urzeit

Mammut und Nashorn vor den Toren Wiesbadens und Flusspferde im Rhein sind zwar eine seltsame Vorstellung, aber sie entspricht den Tatsachen. Dies belegen zahlreiche Funde von ausgestorbenen Tieren. Es sind die Mosbach Sande (benannt nach dem Biebricher Ortsteil Mosbach), die den wissenschaftlichen Beweis für die eiszeitliche Tierwelt liefern. Das Eiszeitalter (ca. 2,3 Millionen Jahre bis 10.000 Jahre vor heute) war nicht immer eisig kalt, sondern es wechselten einander kalte und warme Zeiten ab.

Mammut-Wappentier des Nassauischen Vereins für Naturkunde Wiesbaden.

1 Male die fossilen Überreste in den vier Skizzen farbig aus.

2 Ordne in den vier Skizzen richtig zu:

    A Stoßzahn eines Steppenelefanten
    B Nashorn Unterkiefer
    C Abwurfstange eines Hirsches
    D Oberschenkel eines Steppenelefanten

Dinotherium - Wappentier des Naturhistorischen Museums Mainz.

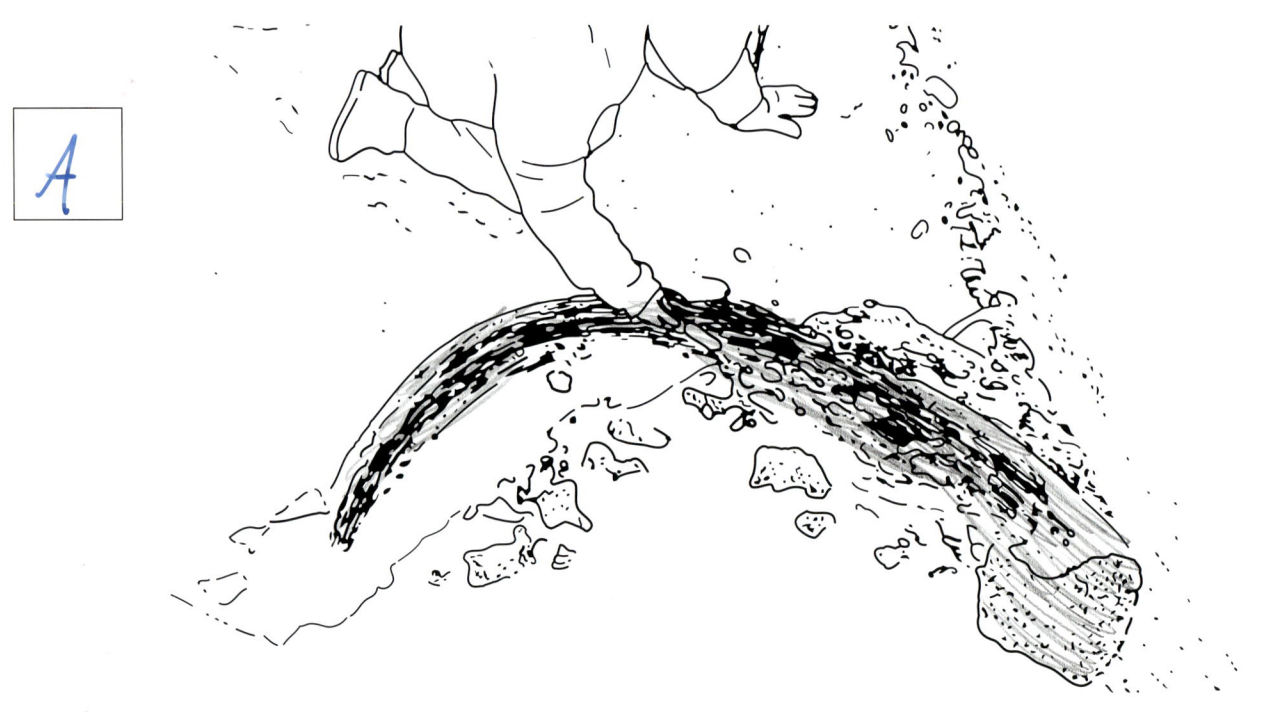

A

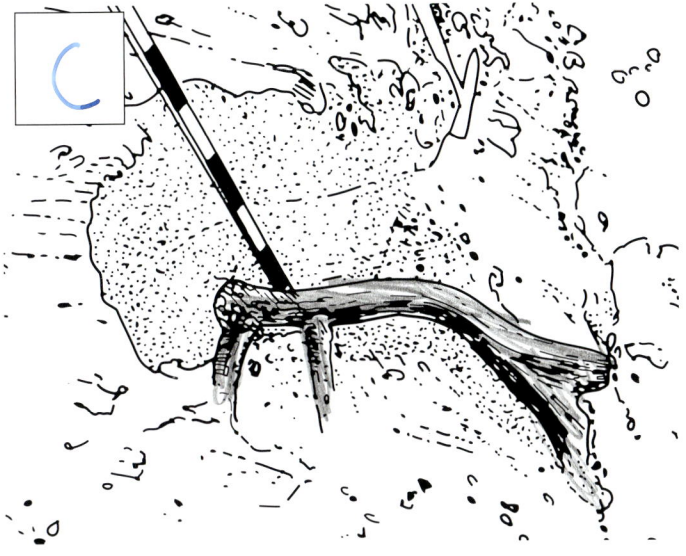

3 Eiszeitliches Suchspiel.
In der Buchstabenkolonne haben sich außer dem Mammut noch 15 weitere eiszeitliche Tiere versteckt. Alle Tiere, oder wenigstens ihre Knochen oder Zähne, kann man sich in den Museen von Wiesbaden und Mainz anschauen. Suche von links nach rechts, von oben nach unten und schräg. Ä und Ö sind zwei Buchstaben: AE und OE.

4 Welche der eiszeitlichen Tiere im „Suchspiel" lebten in einer Warmzeit, welche in einer Eiszeit?

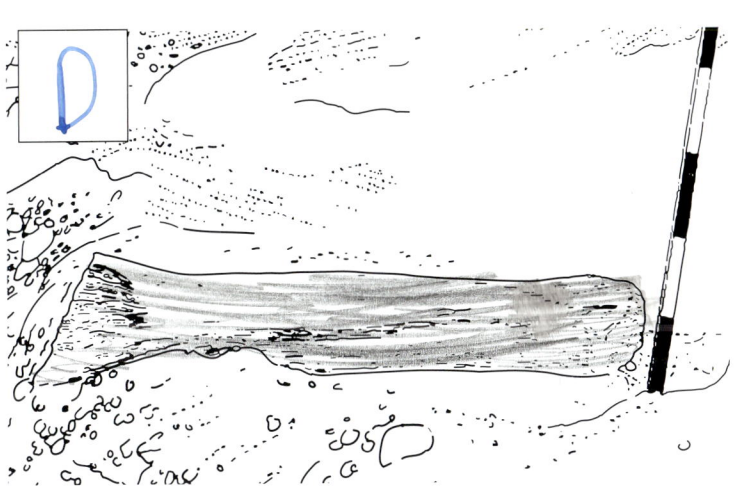

R	I	E	S	E	N	H	I	R	S	C	H
W	U	H	Y	A	E	N	E	E	T	R	M
O	S	O	A	B	U	L	A	H	E	A	O
L	O	E	W	E	W	O	W	B	P	U	S
L	E	H	U	N	K	O	I	U	P	E	C
N	E	L	C	H	A	B	L	I	E	R	H
A	K	E	K	U	S	S	D	F	N	O	U
S	U	N	K	R	E	I	P	W	E	C	S
H	E	B	I	S	O	N	F	A	L	H	O
O	M	A	M	M	U	T	E	S	E	S	C
R	T	E	E	W	I	G	R	S	F	E	H
N	G	R	E	N	D	O	D	E	A	R	S
R	O	T	H	I	R	S	C	H	N	L	E
E	N	G	E	L	I	E	B	E	T	E	L

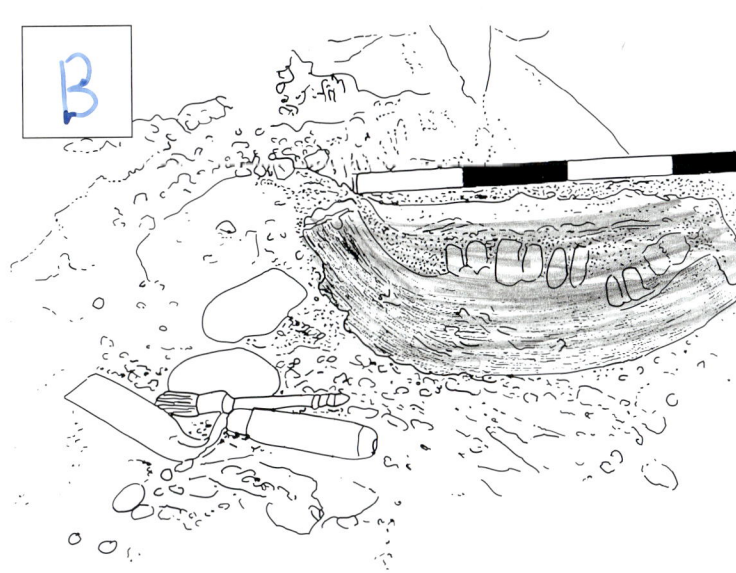

Die vier Skizzen wurden nach Funden angefertigt und stammen von Thomas Keller, einem Forscher (Paläontologe) des Landesamtes für Denkmalpflege und Geologie in Hessen (Mitteilungen Nr. 47, Nassauischer Verein für Naturkunde, Wiesbaden 2001). Seit einigen Jahren sind die großen Steinbrüche im Osten der Stadt im Exkursionsprogramm des Nassauischen Vereins für Naturkunde (Adresse im Anhang).

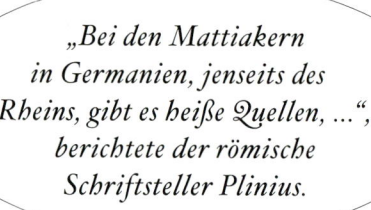

„Bei den Mattiakern in Germanien, jenseits des Rheins, gibt es heiße Quellen, ...", berichtete der römische Schriftsteller Plinius.

Rekonstruktion des römischen Ehrenbogens in Kastel

Legionsinfanterist der Zeit des Kaisers Septimus Severus, 193-211 n. Chr.

829
Der Name „Wisibada" (später Wiesbaden) taucht erstmals in einer Schrift des Biografen und Vertrauten Karls des Großen auf.

83-89 n. Chr.
Errichtung eines römisches Steinkastells. Reste eines römischen Ehrenbogens werden 1976 in Kastel gefunden.

0   50   350   800

6.-15 n. Chr.
Erstes römisches Erdkastell auf dem Heidenberg. Nutzung der heißen Quellen und Ausbau der Thermen.

Um 370
Bau der Heidenmauer.

Grabstein des Caius Valerius – Soldat der 8. Legion, 83-86 n. Chr. Der Legionssoldat trägt Sandalen, Helmbusch, Schwert und Schild.

Burg Sonnenberg mit Dorf um 1480, Zeichnung nach R. Bonte

Siegel zur Urkunde über die Stadtrechtsverleihung für
Sonnenberg von Kaiser Karl IV in Prag am 29. Juli 1351.
Die Urkunde wird heute im Stadtarchiv aufbewahrt.

1100

1200

1300

1123

Wiesbaden als Königshof
(Curtis regia) bezeichnet.

1184

Kaiser Friedrich I. (Barbarossa)
feiert auf der Maarau das größte
Ritterfest auf deutschem Boden.

Zwischen 1255 und 1281

Wiesbaden fällt an die
Grafen von Nassau.

43

„Kaum zu glauben, Bruno, aber im Mittelalter nisteten Rebhühner auf dem Marktplatz und Hasen hoppelten über den Platz."

Wiesbaden um 1624, nach Meissners „Schätzkästlein", vom Bierstadter Berg. Im Vordergrund Gräben und Weiher, Innenstadt: links St. Mauritius, in der Mitte der Uhrturm, rechts das Schloss.

Ab 1507
Wiesbaden erhält eine Stadtmauer.

1744
Die nassauischen Fürsten verlegen ihre Residenz von Usingen ins Biebricher Schloss.

1500   1600   1700

1644
Während des 30jährigen Krieges (1618-1648) wird die Stadt geplündert und zerstört. Die Pest wütet in der Stadt.

Der Kochbrunnen mit gusseiserner Trinkhalle um 1854. Links das Bürgerhospital, rechts ein Badehaus. Beliebt waren Ausritte mit dem Esel zum Neroberg.

1806
Wiesbaden wird Regierungssitz des neu errichteten Herzogtums Nassau und erlebt seine Blütezeit als kleine Residenz- und Badestadt. Der Baumeister Christian Zais plant das „Historische Fünfeck".

1966/67
Die Großwohnsiedlungen Klarenthal und Schelmengraben entstehen

1945
Schwerster Luftangriff auf Wiesbaden und Besetzung der Stadt durch amerikanische Truppen.

1938-1942
Die Synagoge am Michelsberg wird zerstört. Viele jüdische Mitbürger werden verfolgt und ermordet.

Ab 1980
Städtebauliche Maßnahmen: Fußgängerzone, Dern'sches Gelände, Sauerland, Künstlerviertel, Platz der Deutschen Einheit.

1926-1928
Die Stadt wächst durch Eingemeindungen.

1800

1900

2013

1866
Wiesbaden wird preußisch und entwickelt sich bis zur Jahrhundertwende zu einer Weltkurstadt (1852). Prachtvolle Villengebiete entstehen.

1945
Wiesbaden wird Landeshauptstadt von Hessen. Amöneburg, Kastel und Kostheim werden in den Stadtkreis Wiesbaden eingegliedert.

1971
Beginn der Sanierung im Bergkirchenviertel

1957
Wiesbaden entwickelt sich von einer Kur- zur Behörden- und Kongressstadt. Rhein-Main-Halle als Kongresszentrum.

45

Badeleben zur Römerzeit

Heidenmauer vor 1903

Römerbad

Im Laufe der Zeit hat Wiesbaden sein Gesicht mehrmals verändert. Im 1. Jahrhundert wurde die Stadt von den Römern gegründet. Sie nannten den Ort nach einem kleinen germanischen Volksstamm „Aquae Mattiacorum".

Über die Zeit Wiesbadens aus dem Mittelalter gibt es nur wenige Informationen. Es war ein kleiner befestigter Ort. Der Name „Wisibada" tauchte erstmals auf: Bad in den Wiesen.

Später wurde die Stadt mit einer Mauer und Stadttoren umgeben. Während des Dreißigjährigen Krieges wurde Wiesbaden immer wieder von durchziehenden Truppen geplündert und in Schutt und Asche gelegt. Am Ende des Krieges waren die meisten Häuser zerstört. Die Einwohnerzahl betrug nur noch wenige hundert Menschen. Auf dem Marktplatz nisteten Rebhühner, Hasen hoppelten über den Platz. Die Stadttore verfielen, die Weiher versumpften. Es dauerte Jahrhunderte, bis sich die Stadt von den Schrecken des Krieges, von Pest und Cholera erholte.

Kurstadt

Es waren Fürsten und Herzöge, die Wiesbaden zu einer prachtvollen Residenz ausbauten. Im Gegensatz zu den engen, verwinkelten Gassen des ehemals kleinen unbedeutenden Landstädtchens entstanden nun breite Alleen, repräsentative Gebäude und ein Schloss. Auch ein großzügiges Kurviertel mit Kurhaus, Kuranlagen und großen Hotels wurde angelegt. Die heißen Quellen, die schon den Römern bekannt waren, machten Wiesbaden um 1850 zu einer weltberühmten Kurstadt. Engländer, Franzosen und Russen führten die Gästeliste an. Es galt als vornehm, nach Wiesbaden zur Kur zu gehen, das Glück in der Spielbank zu suchen, durch die Kuranlagen zu schlendern, in der Brunnenkolonnade des Kurhauses oder am Kochbrunnen das heilkräftige Wasser zu trinken. Reiche, Adlige, ehemalige Generäle, hohe Beamte, Industrielle, Professoren und Ärzte wählten Wiesbaden als Altersruhesitz.

Es lockten das milde Klima, der waldreiche Taunus, die Weinorte im Rheingau und das Fehlen von Fabriken. Tausende Villen sind in dieser Zeit entstanden. Die meisten stehen heute unter Denkmalschutz und prägen das unverwechselbare Stadtbild.

Das alte Kurhaus 1893

Wiesbadener Spielcasino um 1860

Landeshauptstadt

Nach Kriegsende (1945) gab die amerikanische Militärregierung bekannt, dass Wiesbaden die neue Landeshauptstadt von Hessen werden sollte. Die Stadt war weniger zerstört als andere hessische Großstädte und besaß die für eine Landeshauptstadt notwendigen Verwaltungsgebäude. Aufgrund dieser Entscheidung ließen sich eine ganze Reihe von Bundes- und Landesbehörden in Wiesbaden nieder. Dazu zählen das Bundeskriminalamt, das Statistische Bundesamt und die Staatskanzlei des Ministerpräsidenten im ehemaligen „Grand Hotel Rose". Der Hessische Landtag hat seinen Sitz im Stadtschloss der Herzöge von Nassau. Wiesbaden entwickelte sich zu einer Behörden- und Beamtenstadt.

Durch die Eingemeindung von benachbarten Ortschaften ist Wiesbaden ständig gewachsen. Dadurch erhielt die Stadt zusätzlich Siedlungs- und Industrieflächen und konnte sich bis zum Rhein und bis zum Taunus ausdehnen. In der Stadt leben heute 275.000 Menschen, davon 48.000 ausländische Mitbürger ohne deutschen Pass.

Staatskanzlei, 2004

Hessischer Landtag, 1946

Rhein-Main-Hallen, 1957

Deutsche Klinik für Diagnostik, 1970

Kongressstadt

Das Bild der Stadt hat sich in den letzten fünfzig Jahren weiter verändert: Neben Kurgästen und Touristen sieht man immer häufiger Frauen und Männer mit Aktenkoffern, die Kongresse, Messen, Ausstellungen oder Tagungen in den Rhein-Main-Hallen, im Kurhaus oder im Jagdschloss Platte besuchen. Durch die günstige Lage im Rhein-Main-Ballungsgebiet, nur zwanzig Minuten vom Flughafen Frankfurt entfernt, wählen viele Unternehmen Wiesbaden als Standort. Zahlreiche Banken, Versicherungen, Verlage sowie Medienunternehmen haben sich in der Landeshauptstadt niedergelassen. Sehr gute Hotels und Restaurants sowie ein großes Kulturangebot machen die Stadt für Kongressteilnehmer interessant.

Im Aukammtal, dem „Tal der Kliniken", gibt es zahlreiche Fachkliniken sowie ein Thermalbad. Internationale Bedeutung hat die Deutsche Klinik für Diagnostik. Hier lassen sich Gäste aus aller Welt untersuchen.

Hessen in Wiesbaden

Der Name „Hessen" taucht erstmals im 8. Jahrhundert auf. In einem Schreiben von Papst Gregor III. an Bonifatius ist die Rede von einem „populus Hassiorum" (Volk der Hessen). Die germanischen Chatten gelten als die Urväter der Hessen. Das Land Hessen in seiner heutigen Form wurde am 19. September 1945 von der amerikanischen Militärregierung ins Leben gerufen. Oberbefehlshaber war General Dwight D. Eisenhower. In einer Volksabstimmung stimmten die Bürgerinnen und Bürger Hessens der neuen Landesverfassung zu und wählten gleichzeitig den ersten Landtag. Der Hessische Landtag ist die gewählte Vertretung aller Bürgerinnen und Bürger Hessens. Der Landtag beschließt Gesetze. Er stellt den Haushalt des Landes auf und wählt den Ministerpräsidenten.

Die Bundesrepublik Deutschland ist ein Bundesstaat. Hessen ist eines der 16 Bundesländer. Mit sechs Millionen Einwohnern ist es das fünftgrößte Bundesland. Frankfurt am Main ist zwar die größte Stadt, aber nicht Landeshauptstadt. Die Stadt ist das wirtschaftliche Zentrum mit mehr als vierhundert Banken. Internationale Bedeutung hat die Frankfurter Messe. Frankfurt ist Sitz der Deutschen Bundesbank, der Europäischen Zentralbank sowie der Deutschen Börse. Der Frankfurter Flughafen verzeichnet das höchste Fracht- und das zweithöchste Passagieraufkommen aller europäischen Flughäfen.

Bundesland Hessen mit Wiesbaden als Landeshauptstadt

Steckbrief Hessen

Landeshauptstadt:	Wiesbaden
Einwohner:	6 Millionen
Fläche:	21 115 Quadratkilometer
Höchste Erhebung:	Wasserkuppe (950 m)
Tiefster Punkt:	Lorchhausen (71 m)
Größter See:	Edersee
Wärmster Ort:	Wiesbaden
Kältester Ort:	Usseln (Waldeckisches Upland)
Landschaften:	Taunus, Westerwald, Vogelsberg, Rhön, Wetterau, Odenwald.
Flüsse:	Rhein, Main, Weser, Lahn, Fulda, Werra, Eder

1 Welche sechs Bundesländer grenzen an Hessen?

2 Welche Einrichtungen machen Wiesbaden zur Weltkurstadt, Kongressstadt, Landeshauptstadt?

3 Male das Wappen von Hessen in den Landesfarben aus.

Hessisches Landeswappen

Das Landeswappen von Hessen zeigt im blauen Schild einen weiß-rot gestreiften Löwen mit goldenen Krallen. Auf dem Schild ruht eine goldene Blätterkrone. Der Löwe zierte ursprünglich das Wappen der Landgrafen von Thüringen, zu deren Herrschaftsgebiet Hessen bis zum Jahre 1247 gehörte.

Wiesbadener Bilderbogen

Eine Rundreise zum Lesen und Ausmalen

Mit Texten von

Lisa Andrée
Max Battefeld
Sophie Dilchert
Malte Dorzok
Simon Faber
Lena Fischer
Timur Geroev
Renée Hendel
Alicia Hernández
Andreas Krüger
Marvin Landler
Konstantin Mende
Ava Nelte
Mareike Ochs
Elena Packhäuser
Arisa Purkpong
David Rech
Luna Ribaric
Arno Schriefer
Felix Schröder
Johanna Seiler
Owen Stiller
Rebecca Ulrich
Susanne Weil
Felix Will
Lennart Wolf

Schlossplatz

„Sieht das nicht atemberaubend schön von hier oben aus?", ruft Marie während sie in ihrem Reisekoffer über den Wiesbadener Schlossplatz schweben. „Wir werden doch nicht im Marktbrunnen landen?", fragt Marie ängstlich. „Lieber im warmen Thermalwasser", scherzt Bruno. „Nein, Ekko hat bestimmt einen sicheren Landeplatz ausgesucht, damit wir mit ihm zusammen auf Entdeckungsreise durch Wiesbaden gehen können."

„Warum steht Ekko denn so nah beim alten Rathaus?", will Marie wissen. „Er will doch nicht etwa heiraten oder mit dem goldenen nassauischen Löwen vom Marktbrunnen kämpfen."

Nach geglückter Landung auf dem Schlossplatz beginnen Marie, Bruno und Ekko sich den prächtigen Schlossplatz einmal genauer anzusehen, denn der Platz inmitten der Stadt hat viel zu bieten: Das alte und das neue Rathaus, den mittelalterlichen Marktbrunnen, die Marktkirche und das ehemalige Stadtschloss der Nassauer.

„Auf dem Schlossplatz ist immer etwas los", weiß Ekko zu berichten, und er kann endlich beginnen, sein Wissen über Wiesbaden an die Kinder weiterzugeben.

„Im späten Mittelalter, als Wiesbaden noch ein unbedeutendes Landstädtchen war, sagten sich auf dem Schlossplatz Hase und Rebhuhn gute Nacht. Später wurde hier Wochenmärkte abgehalten. Der Marktbrunnen erinnert daran.

Am 4. März 1848 versammelten sich fast 30.000 Menschen vor dem Balkon des Stadtschlosses, um für mehr Bürger- und Freiheitsrechte zu demonstrieren, und 1993 kamen 10.000 Schülerinnen und Schüler zusammen, um für mehr Toleranz und gegen Ausländerfeindlichkeit zu protestieren. Auf dem Schlossplatz wird auch ausgiebig gefeiert, vor allem während des Weinfestes im Sommer und während des Sternschnuppenmarktes zur Weihnachtszeit. Im neuen Rathaus arbeitet und regiert der Oberbürgermeister. Hier empfängt er Gäste aus aller Welt. Sie tragen sich dann ins „Goldene Buch" der Stadt ein. Hier tagt der Magistrat, hier trifft die Stadtverordnetenversammlung Entscheidungen, die für die Bürgerinnen und Bürger von Wiesbaden wichtig sind. Dazu zählt zum Beispiel der Bau von Schulen und Kindergärten, Straßen usw. Direkt gegenüber vom neuen Rathaus liegt das ehemalige Stadtschloss der nassauischen Herzöge. Heute ist das Schloss Sitz des Hessischen Landtages. Hier fallen Entscheidungen, die für das ganze Bundesland Hessen von Bedeutung sind. Nach dem Krieg wurde Wiesbaden zur Hauptstadt dieses Bundeslandes ernannt. Der Ministerpräsident arbeitet ein paar Straßen weiter in der Hessischen Staatskanzlei, einem ehemaligen Grand Hotel der Stadt. „Eben hat die Marktkirche zur Mittagsstunde geschlagen", ruft Marie und unterbricht Ekkos kleine Lehrstunde. „Einen kleinen Moment noch", ruft Ekko, „ich will nur noch die blaue Stadtfahne mit den drei Lilien vor dem Rathaus hissen".

Marktkirche

„Die ist ja riesig!", staunt Bruno. Zusammen mit Marie und Ekko steht er vor der evangelischen Marktkirche mitten in der Stadt.

„Man kann die Marktkirche auch schon von Weitem erkennen", meint Marie, „sie ragt richtig aus der Innenstadt heraus. Aber wenn man direkt davor steht, sieht sie noch viel größer aus", staunt sie.

„Dann schätzt doch mal wie hoch die Marktkirche ist!", fordert Ekko Marie und Bruno auf. „Oh, ich weiß nicht", überlegt Bruno. „Ich schätze so ungefähr 500 m?" „Ach Quatsch, Bruno!", meint Marie, „aber 100 m ist sie bestimmt hoch."

„Gut geschätzt, Marie. Der höchste Turm der Marktkirche ist 98 m hoch. Die anderen vier Türme sind natürlich kleiner", erklärt Ekko. Bruno ist ganz begeistert: „Vielleicht können wir ja mal hinauf steigen. Von dort oben sieht man bestimmt ganz Wiesbaden." „Oh nein! Das muss nicht sein. Das ist mir viel zu hoch!", ruft Marie etwas verängstigt.

Ekko erzählt nun weiter: „Früher gab es hier in der Wiesbadener Innenstadt eine andere große Kirche, die Mauritiuskirche. Doch eines Tages gab es dort einen großen Brand, der die ganze Kirche zerstörte. Das war 1850. Man brauchte eine neue Kirche, und so fing man dann zwei Jahre später an, die Marktkirche zu bauen. Das dauerte fast zehn Jahre." „Zehn Jahre?", staunen Marie und Bruno.

„Von dem Architekten Carl Boos, der die Marktkirche damals entworfen hat, stammen übrigens auch noch andere Gebäude in Wiesbaden", erzählt Ekko.

„Also ich finde, sie wirkt wirklich eindrucksvoll, die roten Backsteine und die vielen schönen Verzierungen", stellt Marie fest. „Das finde ich auch", stimmt Ekko zu. Auch der Innenraum der Kirche ist prächtig ausgestaltet. Neben den Emporen ist das Gewölbe als Sternenhimmel ausgemalt. Im Chor stehen Marmorfiguren von Christus und den vier Evangelisten. „Hat die Marktkirche denn auch eine Orgel?", fragt Bruno interessiert.

„Na, klar!" meint Ekko. „Jeden Samstag um die Mittagszeit kann man sich hier schöne Orgelmusik anhören. In jeder Woche gibt es auch noch ein Glockenspielkonzert". „Das finde ich toll", sagt Marie und dreht sich zu Plinius um. Doch der ist plötzlich nicht mehr da. „Oh, nein!", ruft Marie, „er wird doch nicht in die Kirche gelaufen sein und am Ende noch hoch auf den Turm?" „Aber nein, da ist er doch. Er ist nur eine Runde um die Kirche gelaufen", sagt Bruno. „Er will anscheinend schon wieder weiter. Aber einmal da hoch auf den Turm, möchte ich immer noch."

2

Uhrturm

Marie, Bruno und Ekko sind auf dem Flohmarkt in Sonnenberg und bleiben an einem Stand stehen. Ein älterer Herr mit Brille fragt nach ihren Wünschen. „Wir suchen alte Fotos und Postkarten von Wiesbaden. Wir wollen wissen, wie es früher in unserer Heimatstadt ausgesehen hat." „Da habe ich etwas ganz Besonderes für euch", freut sich der ältere Herr. Er blättert in einem alten Album und zeigt den drei Heimatforschern ein Bild. Erstaunt, kopfschüttelnd und achselzuckend betrachten sie das alte Schwarz-Weiß-Foto. „Nein, einen Uhrturm haben wir in Wiesbaden noch nie gesehen". Der alte Herr macht ihnen einen Sonderpreis. Mit dem Foto in der Hand machen sie sich auf den Weg in die Marktstraße, wo der Uhrturm stehen soll. Aber vom Uhrturm keine Spur. Bruno hat eine Idee: „Lasst uns doch in der alten Hirschapotheke nachfragen. Es gibt sie schon seit 1837!" Die nette Apothekerin kann ihnen aber auch nicht weiterhelfen. Da entdecken sie an der Hausnummer 6 eine Hinweistafel: Hier stand bis 1873 der Uhrturm. Das Foto, das sie in der Hand halten, stammt von 1850. Das heißt, folgern die drei Forscher, dass das Foto vom Uhrturm wohl vor dessen Abriss aufgenommen wurde. Es gab ihn also wirklich einmal. Im Stadtarchiv wollen sie mehr über den Uhrturm erfahren. Die Mitarbeiterinnen dort sind sehr hilfsbereit und geben gern Auskunft: „Der Uhrturm wurde 1873 abgerissen, weil seine Durchfahrt für den wachsenden Verkehr zu eng geworden war. Übrigens: Auch das Stadtarchiv war einmal im Uhrturm untergebracht.

„Es ist so etwas wie das Gedächtnis der Stadt – es bewahrt Dokumente aus vergangenen Jahrhunderten auf: Urkunden, Siegel, alte Schriften, Fotos, Postkarten, Akten, Karten, Pläne, Plakate, Bücher und vieles mehr. Damit kann man einiges über die Geschichte einer Stadt erfahren. In Wiesbaden ist das gar nicht so einfach, weil es nur noch wenige sichtbare Zeugen aus der Vergangenheit gibt – so z. B. die Reste der Heidenmauer, den Ehrenbogen in Kastel, das alte Rathaus, den Marktbrunnen und die Burgruinen von Sonnenberg und Frauenstein."

Ekko weiß noch mehr: „Im Uhrturm wohnte ursprünglich der Turmwächter. Hier hing die Sturmglocke, die bei Überfällen und Bränden Alarm läutete und den Bewohnern zur Tages- und Nachtzeit die Stunden anzeigte. Die Sturmglocke trug die Inschrift:

EIN AUERGLOCK HEIS ICH ; WIESBADEN DIEN ICH:
PAVL FISCHER CV BINGEN GOS MICH 1548.

Die Feuerglocke wird heute im Feuerwehrmuseum in Wiesbaden aufbewahrt."

Marie, Bruno und Ekko möchten gern ihr seltenes Foto vom Uhrturm dem Stadtarchiv zur Verfügung stellen, damit auch nachfolgende Generationen an dieses wichtige Bauwerk aus Wiesbadens Vergangenheit erinnert werden.

3

Luisenplatz

„Was machst du denn auf dem Pferd?", will Marie von Ekko wissen. „Ich schau' mir von hier oben einen der schönsten Plätze von Wiesbaden an. Ich sehe die Bonifatiuskirche, zwei Denkmäler und viele schöne Gebäude rechts und links des rechteckigen Platzes. Wenn ihr bei unserem Rundgang gut aufpasst, gibt es als Belohnung auch eine große Portion Zuckerwatte." „Das ist aber nett von dir, Ekko", freut sich Bruno.

„Ihr müsst wissen, dass der Luisenplatz nach der ersten Gemahlin des Herzogs Wilhelm von Nassau benannt ist. Er wurde gebaut, als drei nassauische Herzöge regierten. Viele prächtige Gebäude entstanden in dieser Zeit. „Ohne einen kleinen Ausflug in die Geschichte kommen wir aber jetzt nicht weiter", fährt Ekko fort. „Neben anderen deutschen Fürsten hatten sich auch die Nassauer Herzöge dem französischen Kaiser Napoleon I. angeschlossen (Rheinbund). Als Verbündete waren sie verpflichtet, Soldaten für die zahlreichen Kriege des französischen Kaisers zu stellen. So kämpften nassauische Truppen in Deutschland, Russland und vor allem in Spanien (1809). Napoleon nannte sie anerkennend die „braven Nassauer". Viele Soldaten sahen ihre Heimat nie wieder. In der Schlacht bei Waterloo (1815) kämpften sie auch. Dieses Mal gegen die französische Armee. Die Nassauer hatten die Seiten gewechselt. Der Obelisk in der Mitte des Luisenplatzes erinnert an die Gefallenen dieser großen Schlacht. Das Denkmal mit dem „springenden Pferd" dagegen erinnert an die getöteten Soldaten des 1. Weltkrieges (1914-1918)." „Es ist doch gut zu wissen, dass wir so einen kundigen Heimatforscher an unserer Seite haben", meint Marie. „Ich bin aber noch gar nicht fertig", fährt Ekko fort. „Wisst ihr eigentlich, dass es auf diesem Platz einmal zwei Schulen gab? In den Pausen wurde der Luisenplatz zu einem riesigen Schulhof, auf dem sich zeitweise 600 Schüler tummelten. Und im Kultusministerium hier auf dem Platz wird zum Beispiel bestimmt, was und wie viel ihr in der Schule lernen müsst". „Da wollen wir aber jetzt nicht rein", erklären Marie und Bruno einstimmig. „Erzähl uns lieber noch etwas über die Bonifatiuskirche!".

„Die ‚Boni', wie sie auch genannt wird, ist nach dem „Heiligen Bonifatius" benannt (675-754). Er war Bischof, Missionar und Verkünder des Glaubens im Mittelalter. Die Bonifatiuskirche war das erste katholische Gotteshaus in Wiesbaden. Eigentlich wurde die Bonifatiuskirche zweimal erbaut. Die erste Bonifatiuskirche (1831) hatte bereits ein Dach, als ein donnerndes Getöse die ganze Stadt aufschreckte: Türme, Dach und Mauern der Kirche brachen zusammen. Daraufhin wurde der große Baumeister Wiesbadens, Philip Hoffmann (1806-1889), mit dem Bau beauftragt. Von ihm stammen auch die Russische Kirche, die jüdische Synagoge am Michelsberg (durch Nationalsozialisten 1938 zerstört), der Obelisk hier auf dem Platz und der Neroberg-Tempel. „Lasst uns doch in die Bonifatius-Kirche gehen!", schlägt Marie vor, „und ein paar Minuten in der Stille inne halten, denn in der Bonifatiuskirche stehen die Türen für die Menschen immer offen."

4

Im Museum

„Bruno, Bruno! Schau mal, ich habe das Museum gefunden!", ruft Marie aufgeregt. „Super, hier können wir ja die Sachen abgeben, die wir auf dem Dachboden gefunden haben!", freut sich Bruno. „Schade, ich hätte die alten Erinnerungsstücke so gerne behalten", seufzt Marie. „Bist du dir wirklich sicher, dass sie den Dino nehmen? Im Moment ist doch die Jawlensky-Ausstellung!" „Aber es gibt doch außerdem die Naturwissenschaftliche Ausstellung und die Sammlung Nassauischer Altertümer. Da können sie den Dino ganz sicher gebrauchen!" „Wenn du meinst!" „Sei nicht traurig, Marie, wir bekommen ja vielleicht eine Gratis-Führung für die Bilder", tröstet Bruno sie. Ekko steht unterdessen auf dem Sockel vor dem Museum. „Erkennt ihr, wer ich bin?", fragt er, um Marie und Bruno abzulenken. „Na klar! Du bist Goethe, der berühmte Dichter!", ruft Marie stolz. „Richtig!" „Weißt du, wieso vor dem Eingang eine Statue von Goethe steht?" „Nein, das weiß ich nicht. Aber du wirst es mir sicher gleich sagen!", antwortet Marie. „Goethe hat den Bau des Museums während seiner Aufenthalte in Wiesbaden angeregt und gefördert. Ohne ihn und einige engagierte Bürger würde es dieses wunderschöne Gebäude gar nicht geben. Aber genug von Goethe, lasst uns endlich reingehen!".

Als sie im Museum stehen, schauen sie sich erst einmal um. „Oh, ist das schön hier", staunt Marie. Zu ihrem Bedauern müssen sie erfahren, dass die Sammlung Nassauischer Altertümer ausgelagert ist. Seit Langem gibt es Pläne für den Bau eines Stadtmuseums. „Hoffentlich gibt es dann auch eine richtige Abteilung für uns Kinder, ein Museum zum Anfassen und Mitmachen", meint Bruno. „Eine Stadt braucht doch ein Museum. Es ist das Gedächtnis einer Stadt, wo man viel über die Geschichte und die Natur erfahren kann", ergänzt Marie. „Ja, das ist es in der Tat", sagt eine freundliche Stimme hinter ihnen. Ekko, Bruno und Marie drehen sich verdutzt um. Sie werden von einer Mitarbeiterin des Museums herzlich begrüßt: „Kann ich euch helfen?" „Na klar!" ruft Marie. „Wir möchten gerne diese alten Erinnerungsstücke von unserem Dachboden abgeben. Vielleicht können Sie die Sachen gebrauchen, denn es sind ein paar seltene Fotos von Wiesbaden darunter." „Leider können wir im Moment keine Sachen annehmen. Das tut mir sehr Leid für euch", sagt die Frau entschuldigend, „denn wir platzen aus allen Nähten". „Ach, ist nicht so schlimm", antwortet Bruno. „Jetzt kann Marie ja ihre schönen Bilder behalten", schmunzelt Ekko. Beim Verlassen des Museums ruft ihnen die Museumsmitarbeiterin hinterher: „Eine gute Nachricht habe ich noch für euch. Die Naturwissenschaftliche Sammlung wird wieder eröffnet. Dann könnt ihr euch auf eine spannende Spurensuche durch die Naturgeschichte begeben und zum Beispiel die Millionenjahre alten Versteinerungen aus der Region bewundern."

5

Villa Clementine

Bruno motzt: „Mir ist langweilig!" „Bruno, hör auf zu meckern!", antwortet Marie genervt. „Wollt ihr noch etwas Interessantes erleben oder nicht? Kennt ihr die alte Villa in der Wilhelmstraße/Ecke Frankfurter Straße?", möchte Ekko von Marie und Bruno wissen. „Eine Villa, das ist doch nicht spannend. Villen gibt es in Wiesbaden wie Sand am Meer!", erklären Marie und Bruno überzeugt. „Ihr habt recht", antwortet Ekko, „Wiesbaden ist die Stadt der Villen. Fast 4.000 sind es, und eine ist schöner als die andere. Teile der Stadt sind ein richtiges Freilichtmuseum für prächtige Häuser. Als die Villen gebaut wurden, gehörte Wiesbaden zu Preußen (1866-1918). In dieser Zeit herrschte ein Bauboom in der Stadt. Architekten hatten viel zu tun. Und was sie entwarfen, kann sich wirklich sehen lassen. Man konnte es sich leisten, denn in der Stadt lebten die meisten Millionäre im Deutschen Reich. Heute versucht man diese Villen zu erhalten und stellt sie unter Denkmalschutz. Sie stehen zwar nicht auf einem Sockel, wie zum Beispiel das Schiller-Denkmal hinter dem Staatstheater, sondern meist in einem schönen Garten", erklärt Ekko. „Aber was ist denn das besondere an dieser Villa?", wollen Marie und Bruno nun endlich wissen. „Auf euch wartet eine Villa mit viel Geschichte und einem echten Kriminalfall", antwortet Ekko.

„Sie wurde um 1878 für den Mainzer Fabrikanten Ernst Meyer erbaut. Er ist nie in die Villa eingezogen, weil seine Frau Clementine kurz vorher starb. Die Villa trägt aber noch heute ihren Namen" Marie durchstöbert die prunkvollen Räume der Villa, während Ekko Bruno mehr über die Villa berichtet. „Hier wurde auch ein weltberühmter Roman für das Fernsehen verfilmt. Wenn ihr älter seid, müsst ihr unbedingt das dazugehörige Buch ‚Die Buddenbrocks' von Thomas Mann lesen." Mittlerweile ist auch Marie wieder da und hört gespannt zu. „Nein, von dem Roman habe ich noch nichts gehört, aber erzähl uns etwas über den Prinzenraub", fordert Bruno auf. Ekko freut sich über das Interesse der Kinder. „Vor ungefähr 100 Jahren lebte Königin Natalie von Serbien zusammen mit ihrem Sohn in dieser Villa. Sie war vor ihrem Ehemann, König Milan, geflohen. Der jedoch fand das gar nicht gut, denn er brauchte Alexander für die Weiterführung des Königshauses. So kam es am 13. Juli 1888 zum Wiesbadener Prinzenraub." Marie und Bruno lauschen gebannt.

„Der zwölfjährige Kronprinz Alexander wurde in Zusammen-arbeit mit der Wiesbadener Polizei entführt, und Königin Natalie von Serbien musste Deutschland fluchtartig verlassen. Sie kam in ein französisches Kloster, in dem sie auch starb." „Das ist ja eine unglaubliche Geschichte, dass die Wiesbadener Polizei da mitge-mischt hat", findet Marie. „Aber interessant ist sie in jedem Fall", murmelt Bruno nachdenklich vor sich hin. „Und was ist weiter in der Villa passiert?", wollen Bruno und Marie wissen. Ekko weiß es: „Die Villa wurde modernisiert und ist jetzt ein Literaturhaus für alle Bürger und Bürgerinnen, in dem Lesungen, Vorträge, Vorlesewettbewerbe, Liederabende und Ausstellungen stattfinden."

6

Kurhausplatz

"Sieh mal, das schöne Gebäude mit der Inschrift AQUIS MATTIACIS im Giebel! Was bedeutet das?", möchte Marie wissen. „Fragen wir doch einfach Ekko!", entgegnet Bruno, „der weiß es bestimmt!". „Ekko, wo bist du?" „Hier bin ich, hinter dem Kaskadenbrunnen." „Weißt du, was ,Aquis Mattiacis' bedeutet?", fragt Bruno. „Da ihr noch kein Latein in der Schule lernt, könnt ihr das auch nicht übersetzen. Es bedeutet: ,Die Wasser der Mattiaker'. Die Mattiaker waren ein germanischer Volksstamm", erklärt Ekko. „Aber ihr wisst doch hoffentlich, dass das Gebäude hinter mir das Kurhaus von Wiesbaden ist", schmunzelt er.

„Für Kaiser Wilhelm II. war es das schönste Kurhaus auf der ganzen Welt", fügt Ekko hinzu. „Wenn ihr wollt, zeige ich euch gerne das Kurhaus und den Kurhausplatz mit dem Theater, den Kolonnaden und dem Bowling Green. Ich muss mich aber noch umziehen, denn ich will anschließend ins Casino." Eine Weile später erscheint Ekko. „Ach du meine Güte, wie siehst du denn aus?" „Wie aus dem Ei gepellt", findet Marie. „Keine Jeans, keine Turnschuhe, dafür ein eleganter Anzug mit Krawatte." „Ja, ohne diese Aufmachung würde man mich nicht ins Spielcasino lassen", antwortet Ekko, „in Wiesbaden legte man schon immer sehr viel Wert auf Etikette. Die Stadt entwickelte sich unter preußischer Herrschaft (1866-1919) zu einer Weltkurstadt. Reiche oder Adelige ließen sich in Wiesbaden nieder. Das waren ehemalige Generäle, hohe Beamte, Fabrikanten, Professoren und Ärzte oder Fürsten, Grafen oder Prinzen. Für sie alle wurde die Kur- und Festspielstadt zu einem beliebten Alterssitz Zeitweise lebten über 200 Millionäre in der Stadt. Es galt als „chic", einmal im Jahr nach Wiesbaden zur Kur zu gehen und die Maifestspiele (seit 1896) zu besuchen. Ein besonderes Ereignis war es für die Wiesbadener, wenn Kaiser Wilhelm II. in der Stadt weilte. Der Kaiser hatte eine eigene Einfahrt für seine Kutsche von der Wilhelmstraße ins Staatstheater. Er ging durch den Keller direkt zu seiner Loge. Das Theater ist heute noch mit großer Pracht ausgestattet. Auf dem Spielplan stehen Oper, Operette, Ballett oder Schauspiel.

Auch das Kurhaus mit der prächtigen Wandelhalle und den antiken Statuen ist sehenswert. Konzerte, Kongresse und andere kulturelle Veranstaltungen finden hier statt. Der Christian-Zais-Saal erinnert an den Erbauer des ersten Kurhauses (1810), den Architekten Christian Zais. Als das alte Kurhaus zu klein wurde, baute man zwischen 1904 und 1907 das neue Kurhaus. Auch an dessen Erbauer, Friedrich von Thiersch, erinnert ein großer Festsaal. Jetzt muss ich los. Keine Angst um mein Geld, ich will mir das schöne Spielcasino nur von innen ansehen. Zu den berühmten Gästen der Spielbank gehörte der russische Dichter Dostojewski. Nach anfänglichem Glück verspielte er beim Roulette all sein Geld. Denn, wenn die Kugel erst einmal rollt, dann heißt es ,rien ne va plus' – nichts geht mehr!".

7

Kurpark

„Sieh mal dort! Diese riesengroße Wasserfontäne!" ruft Marie Bruno zu. „Wie groß wird sie denn sein? Acht oder eher zehn Meter", schätzt Bruno.

Ekko weiß die Antwort: „Die Fontäne ist sechs Meter hoch. Aber nicht nur sie ist groß: Im Weiher tummelt sich ein 80 cm langer und 40 kg schwerer Karpfen. Angeln ist natürlich im Kurparkweiher streng verboten. Kaum zu glauben, dass vor 200 Jahren Leute im Weiher gebadet und ihre Wäsche gewaschen haben.

Das war natürlich auch verboten, denn es passte gar nicht zum Bild einer vornehmen Kurstadt. Dabei ist es noch gar nicht so lange her, dass im hinteren Bereich des Kurparks Kühe auf der Wiese weideten. Aber diese Zeiten sind jetzt längst vorbei.

Heute bestimmen die vielen Jogger, Spaziergänger, Liebespärchen und Eltern mit ihren Kinderwagen das Bild im Kurpark." „Wann ist der Kurpark denn überhaupt entstanden?", möchte Marie gerne wissen. Ekko antwortet prompt aus seinem großen Wissensvorrat über Wiesbaden: „Er wurde 1852 im Stil eines Englischen Landschaftsgartens angelegt. Er ist etwa so groß wie acht Fußballfelder." Den drei Heimatforschern gefällt besonders die große Konzertmuschel. Hier finden an den Sonntagen im Sommer Konzerte statt. Allerdings locken nicht nur Konzerte zahlreiche Gäste in den Kurpark, sondern auch Besuche von Persönlichkeiten, wie z. B. dem Dalai Lama, lassen die Zuschauer zu Tausenden in den Park strömen.

„Sieh mal dort!", ruft Marie, „Die Tulpen und Narzissen fangen schon zu blühen an! Oh, sieht das schön aus! Und da drüben die Entenfamilie mit ihren Jungen. Hoffentlich lassen die größeren Nilgänse die kleinen Enten in Frieden." Ekko versteckt sich gern mit Marie und Bruno hinter den großen, knorrigen und alten Bäumen, um sich anschließend auf einer Bank auszuruhen. Zum Schluss wollen Marie, Bruno und Ekko wie in alten Zeiten mit einem Boot auf dem Kurparkweiher rudern und möglichst nahe an die Wasserfontäne kommen.

Um zurück in die Stadtmitte zu gelangen, nehmen die drei den Weg durch den „Warmen Damm". Die Anlage heißt nach einem Damm, der hier früher ein Abfließen des heißen Quellwassers aus dem Warmen Weiher in den Salzbach verhindern sollte. Ekko zeigt Marie und Bruno viele exotische Bäume: Robinie, Pagodenbaum, Zaubernuss, Tulpenbaum und Gingko. Auch an zwei Denkmälern kommen sie vorbei. Das Schiller-Denkmal ist mit den Masken von Lust- und Schauspiel verziert. Das andere Denkmal ist ein Standbild von Kaiser Wilhelm I. „Wiesbaden ist eine grüne Stadt", finden Marie und Bruno. „Die Farbe Grün fehlt eigentlich im Wappen der Stadt", meint Ekko. Fast 20.000 Bäume stehen an Straßen, Alleen und auf Plätzen und noch mal 20.000 Bäume in den Grünanlagen und Parks. Wie die vielen Villen prägen sie das Bild unserer Heimatstadt.

8

Weltgrößte Kuckucksuhr

„Ekko, wie spät ist es eigentlich?", fragt Marie den Riesen. „Ich weiß nicht. Aber du bringst mich auf eine Idee. Gleich hier um die Ecke steht eine große Kuckucksuhr, die größte der Welt". „Die größte Kuckucksuhr der Welt?", fragen Bruno und Marie gespannt. „Kommt mit, ich zeige sie euch", sagt Ekko fröhlich.

Die Kinder staunen nicht schlecht, als sie die große Uhr sehen. „Wow, ist die riesig!", rufen die beiden gleichzeitig. Daraufhin fängt Ekko auch schon an zu erklären: „Es ist nicht sicher, ob diese wirklich noch die größte Kuckucksuhr der ganzen Welt ist; denn es gibt viele Nachahmungen, zum Beispiel die große Kuckucksuhr im Schwarzwald. Der Begriff Kuckucksuhr taucht erstmals 1629 auf. Man nimmt an, dass die Uhr dem Kurfürsten von Sachsen gehörte. Einige Jahre später wird eine mechanische Orgel erwähnt, zu deren Tönen sich verschiedene Figuren bewegten. Eine davon war ein Kuckuck. Der Kuckucksruf wird durch ein Paar unterschiedlich hoher Orgelpfeifen im Inneren der Uhr erzeugt. Der Siegeszug der „World's Biggest Cuckoo-Clock" war nicht mehr aufzuhalten. Der größte Teil der Uhren geht heute in die USA und nach Asien."

Die Kinder staunen, aber ohne dass sie etwas sagen können, erzählt Ekko schon weiter. „Die Kuckucksuhr, vor der sie stehen, ist ein großes Souvenir- und Uhrengeschäft. Es gibt dort rund 200 verschiedene Uhren. Jedes Jahr kommen zahlreiche Touristen und viele Kinder, um sich die originelle Kuckucksuhr anzuschauen – und alle sind begeistert. Die Uhr gibt es schon seit weit über 60 Jahren. Ursprünglich stand sie auf dem im Krieg zerstörten Kaiser-Friedrich-Platz vor dem Nassauer Hof. Emil Kronberger, der erste Inhaber, hatte 1946 die Idee, eine riesige und handgeschnitzte Kuckucksuhr aufzustellen. Sie sollte möglichst viele Kunden, vor allem Amerikaner, anlocken, damit sie in seinem Geschäft typisch deutsche Souvenirs kauften. Das Geschäft mit der Kuckucksuhr blühte. Als der Platz 1958 neu gestaltet wurde, musste die Kuckucksuhr umziehen. So ruft der Kuckuck noch heute, wenn auch von einem anderen Platz aus.

Von 8 bis 20 Uhr kann man jede halbe Stunde hören und sehen, wie der Kuckuck ruft und aus seinem Häuschen kommt. Wer den Einsatz verpasst, muss eben auf die nächste halbe Stunde warten. Da die Uhr aber falsch geht, sollte man immer schon eine Minute früher da sein." „Achtung!", ruft Bruno plötzlich. „Gleich ist es so weit!" Marie, Bruno, Ekko und Plinius schauen ganz gespannt auf die Uhr. Genau 1 Minute vor 12 Uhr schnellt der Kuckuck aus seinem Haus, und es ertönt ein lautes „Kuckuck! Kuckuck!".

9

die größte Kuckucksuhr der Welt

Heidenmauer und Römertor

„Weißt du, Marie, wem Ekko da zuwinkt? Vielleicht den Touristen oder der Schulklasse, die auf der Suche nach der Heidenmauer und dem Römertor sind?" „Kannst du uns weiterhelfen?", ruft Bruno zu Ekko hinauf. „Ich winke dem Mann aus Bronze zu, der auf dem Giebel des Kurierhauses steht", antwortet Ekko. „Was hält denn der Mann aus Bronze in der Hand?", will Marie wissen. „Sieht aus wie eine Zeitung oder ein Buch", vermutet sie. „Es ist ein Buch und symbolisiert das Wissen", antwortet Ekko. „Eine Zeitung hätte es ja auch getan", meint Bruno, denn im Kurierhaus sind die Redaktionen der beiden wichtigsten Wiesbadener Tageszeitungen untergebracht und berichten über alles „Wissenswerte" in der Stadt. „Dann haben sie bestimmt schon einmal etwas über die Heidenmauer und das Römertor geschrieben", meinen Marie und Bruno. Das Römertor hat mit den Römern leider nichts zu tun. Die Holzkonstruktion wurde 1902 errichtet und sollte an Wiesbadens römische Vergangenheit erinnern. Welche Bedeutung die Heidenmauer aus dem 4. Jahrhundert hatte, lässt sich nicht mit Sicherheit sagen, da streiten sich die Gelehrten. Für die einen war es eine Befestigungsanlage, für die anderen war es Teil eines Kastells oder einer Wasserleitung (Äquadukt), die in die Stadt führte. Zur Römerzeit hatte die Heidenmauer eine Länge von 500 Metern und führte vom Schulberg (Heidenberg) über die Kirchgasse bis zur Marktkirche.

Beim Bau der Coulinstraße wurde ein Teil der Heidenmauer abgerissen. In die Mauerlücke baute man das Römertor. Heute ist nur ein kläglicher Rest von 10 Metern übrig geblieben. „Interessant ist das kleine Freilichtmuseum rund um die Heidenmauer", ergänzt Ekko. „Dort könnt ihr an Steintafeln überraschende Details aus Wiesbadens römischer Vergangenheit erfahren. Besonders interessant ist der Grabstein des Dolanus aus dem 1. Jahrhundert, weil man auf ihm gut die Bewaffnung und Kleidung erkennen kann, die römische Soldaten damals trugen. Die dargestellte Szene zeigt einen Reiter auf einem sich aufbäumenden Pferd über einem niedergestreckten Gegner. Wer Lust auf einen kleinen Schnupperkurs in lateinischer Sprache hat, ist hier beim Entziffern der Steintafeln und Grabsteine genau richtig. Die Originale übrigens lagern alle im Museum." Von der Heidenmauer sind es nur ein paar Schritte in die „Via Maxima", heute Langgasse. Während früher Händler aus Griechenland, Arabien und Syrien die Straße bevölkerten, ist die Langasse heute ein Teil der Wiesbadener Fußgängerzone. Sie zählt zu den belebtesten Einkaufsstraßen in ganz Deutschland. Wer eine kleine Pause vom Einkaufs- und Schaufensterbummel einlegen möchte, kann an der Schützenhofquelle einen Schluck Quellwasser zu sich nehmen. Hier stand ein Tempel, der der keltischen Quellgöttin Sirona gewidmet war. Nur ein paar Meter weiter steht das Kurierhaus. Wer das „Wiesbadener Tagblatt" oder den „Wiesbadener Kurier" nicht abonniert hat, der kann sich hier „druckfrisch" eine Zeitung kaufen und sein Wissen über Wiesbaden in Vergangenheit, Gegenwart und Zukunft erweitern.

10

Kochbrunnen

Marie hält ihren Finger in das Wasser des Kochbrunnens. „Aua, das Wasser ist ja richtig heiß!", ruft sie und zieht den Finger schnell wieder zurück. „Kein Wunder, denn es kommt aus ungefähr 2.000 Metern Tiefe und kann bis zu 67° Celsius heiß werden", erklärt Ekko. „Wiesbaden ist stolz auf seine heißen Quellen. Über ihre Entstehung gibt es eine Sage, die allen Kindern in der Schule erzählt wird." „War das denn alles dein Werk?", wollen Marie und Bruno von Ekko wissen. „Nein, für die Entstehung der heißen Quellen haben die Wissenschaftler, die sich mit der Geschichte der Erde beschäftigen, eine andere Erklärung. Vor ganz langer Zeit war die Erde auch hier in Bewegung. Berge haben sich aufgetürmt, und da, wo heute der Rhein fließt, ist der Boden abgesackt. Bei dem Hin und Her sind viele tiefe Spalten und Risse entstanden. Regenwasser ist eingesickert und wurde tief unten in der Erde erhitzt – weil es dort viel wärmer ist. Durch Druck steigt das heiße Wasser wieder nach oben, beispielsweise am Kochbrunnen, mitten in der Stadt." „Und wie viel Wasser kommt aus den Brunnen?", fragt Bruno neugierig. „Am Tag etwa 2 Millionen Liter, beim Kochbrunnen sind es allein 500.000 Liter Wasser pro Tag. Er ist sozusagen der heißeste Ort in Hessen'. Bei Bodenarbeiten an der Adlerquelle hat man sehr alte Werkzeuge gefunden, die darauf hinweisen, dass die Menschen bereits vor 20.000 Jahren die heißen Quellen kannten. Das warme, salzige Wasser diente ihnen vermutlich als Wärme- und Salzspender.

„Die Römer haben sie also erst später für sich entdeckt", stellt Bruno fest. „Warmes Wasser war schwer zu beschaffen, und die Römer haben sich sehr gefreut, als sie ein schönes heißes Bad nehmen konnten. In einigen Hotels der Stadt kann man immer noch in dem heißen Thermalwasser baden. Das ist übrigens sehr gesund! Das Wasser ist ein besonderes Wasser." Ekko spricht weiter: „Es hat heilende Kräfte. Wenn man es trinkt, soll es gegen Erkältungen und innere Krankheiten helfen. Ein Bad hilft gegen Knochenkrankheiten. Durch das Thermalwasser wurde Wiesbaden zu einer weltberühmten Kurstadt. „Möchtet ihr einen Schluck von dem Wasser probieren?". „Oh ja, gerne", rufen die Kinder wie aus einem Munde. Ekko zaubert zwei Becher hervor und füllt etwas Kochbrunnenwasser hinein. Bruno und Marie trinken einen kleinen Schluck: „Iiii, das Wasser schmeckt ja total faulig und salzig!" Ekko lächelt: „Findet ihr, dass es wie Hühnerbrühe schmeckt? Das hat nämlich mal ein Gast gesagt, der das Wasser auch probiert hat." „Warum schmeckt denn das Wasser so salzig?", überlegt Marie. „Ganz einfach: Vor vielen Millionen Jahren war Wiesbaden ein Meer und im Meerwasser sind Salze enthalten. Diese haben sich abgelagert und liegen immer noch tief in der Erde!", erklärt Ekko. „Und warum hat der Kochbrunnenspringer so eine rotbraune Farbe?", will Bruno wissen. „Das sind die roten Salzablagerungen, Sinter genannt. Die Römerfrauen haben früher daraus Kugeln geformt und zum Färben der Haare verwendet", ergänzt Ekko. „Ganz schön sexy", findet Bruno und möchte am liebsten sich die Haare auch gleich rot färben.

II

Kaiser-Friedrich-Bad

Marie, Bruno und Ekko schlurfen mit letzter Kraft zur Kaiser-Friedrich-Therme. Die Füße qualmen und jeder Schritt schmerzt. Im warmen Thermalwasser geht es ihnen gleich wieder besser. „Lecker, diese Brühe!", meint Ekko und nimmt einen großen Schluck. „Und gesund ist sie auch noch!" „Aber trink' doch nicht das Badewasser, Ekko!", ruft Marie. „Wer da wohl schon alles drin war!" „Ich weiß", sagt Ekko, „Hier haben schon die Römer vor 2.000 Jahren gebadet." „Na, inzwischen werden sie ja wohl das Wasser gewechselt haben", meint Bruno. „Ich wusste gar nicht, dass die Römer auch schon so etwas wie ein Wellness-Bad kannten", fügt Marie hinzu. Ekko weiß wie immer mehr: „Die größte Badeanlage der Römer entdeckte man bei Bauarbeiten am Kranzplatz (1902). Selbst Kaiser Wilhelm II. kam nach Wiesbaden, um bei den Ausgrabungen dabei zu sein. Es herrschte eine rege Bade-Hochkultur im antiken ‚Aquae Mattiacorum' (Wasser der Mattiaker). Händler aus Spanien, Soldaten aus Syrien badeten in den Thermen der Stadt. Straßenhändler kamen aus Gallien, Sklaven aus Nordafrika; Masseure, Priester, Legionäre und Sänftenträger tummelten sich in der Via Maxima, der heutigen Langgasse. Die römischen Thermen am Kranzplatz besaßen unter anderem einen Auskleideraum, ein Becken zum Reinigen der Füße, Thermalwasser- und Kaltwasserbecken und ein Schwitzbad. Die Römer wussten schon, wie es sich gut leben lässt: Erst ein wenig schwitzen und dann eine kleine Massage!", meint der Riese und zeigt Marie und Bruno die schönen Fresken (Wandmalereien) im Irisch-Römischen Bad.

„Wofür ist es denn gut, dieses Wasser?", fragt er und strampelt fröhlich mit seinen stämmigen Beinen. „Der Dampf ist gut für die Lunge", weiß Marie. „Wenn du das Wasser trinkst, kannst du dein Lieblingsessen noch besser verdauen", meint Bruno. „Es hilft auch bei Rheuma und Gicht", erzählt Marie. „Das sind zwei schlimme Krankheiten, die ganz schön wehtun können. Das Wasser kann zwar nicht heilen, aber es hilft, die Schmerzen zu lindern". „Und das alles wussten schon die Römer!", staunt Ekko.

„Nun lasst uns aber weitergehen. Hier gibt es bestimmt noch mehr Vergnügungen." Mit Begeisterung stellt sich Bruno unter eine Dusche, die ihm Eisregen und warmes Wasser über Schultern, Bauch, Beine und Po sprüht. Marie vergnügt sich in der Sauna, wo es wundervoll nach Ölen duftet. Bei herrlichem Farblichtspiel lässt sie ihre Seele baumeln. Ekko verschwindet im Fitnessraum und begibt sich in die erfahrenen Hände eines Masseurs.

Nach den anstrengenden Tagen genießen alle drei das Wellness-Programm im Kaiser-Friedrich-Bad und tanken Kraft für neue Abenteuer in und um Wiesbaden. 12

Neroberg

„Bitte, lasst uns Bahn fahren", ruft Marie, als sie den gelbblauen Waggon der Neroberg-Bahn entdeckt. „Au, ja", meint auch Bruno, „so was haben wir noch nie gemacht!" „Na, dann los", sagt Ekko und führt die beiden zur Talstation.

Nachdem die drei eingestiegen sind, hören sie Wasserrauschen. „Was ist denn das für ein seltsames Geräusch", fragt Marie sofort. „Das kommt daher, dass diese Bahn ganz ohne Motoren, sondern nur mit Wasser fährt", antwortet Ekko. „Der obere Waggon, der dann nach unten fährt, wird mit bis zu 7.000 Litern Wasser gefüllt. Er zieht den unteren Wagen nach oben. Ist der Waggon dann unten angekommen, wird das Wasser wieder herausgelassen. Das ist schon seit 1888 so, da wurde die Bahn nämlich gebaut", erklärt Ekko. „Damals wollte keiner eine Dampfmaschine, die Krach macht und stinkt. So ist diese Wasserballast-Bahn gebaut worden. Sie funktioniert noch genauso wie damals. Niemand muss Angst haben, damit zu fahren. Bremse und Notbremse funktionieren." Marie und Bruno staunen. Dann geht es auch schon los. Langsam ruckelt die Bahn nach oben. Auf der Hälfte der Strecke kommt ihnen der andere Wagen entgegen.

Oben angekommen, laufen sie zum Turmcafé und von dort zur Erlebnismulde, wo sie ein kleines Picknick machen. Nun gehen sie zum Neroberg-Tempel. Dieser Aussichtspunkt auf dem Neroberg wurde vom Architekten Phillip Hoffmann entworfen. Es wird erzählt, dass man hier früher einem Popen (Priester) der Russischen Kirche begegnen konnte, wenn er sein rosa Schweinchen spazieren führte. In dem Wiesbaden der „guten alten Zeit" konnte man sogar mit dem Esel auf den Neroberg reiten. „Toll!", rufen Marie und Bruno. „Von hier kann man ja die ganze Stadt sehen!" „Stimmt", sagt Ekko, „es gibt aber noch viel mehr zu sehen. Kommt mit!" Die Kinder folgen Ekko, der die beiden zum Walderlebnispfad führt. „Hier kann man viel Wissenswertes über den Wald erfahren", fängt Ekko an zu erzählen, als Bruno plötzlich den Kletterwald entdeckt. „Das will ich auch!", ruft er laut. Aber Ekko meint, dass die beiden noch zu jung seien, um durch die Baumkronen zu klettern. Trotzdem gehen sie hin und schauen einigen Jugendlichen dabei zu, wie sie sich von Baum zu Baum hangeln. „Die kommen bestimmt ganz schön ins Schwitzen", stellt Marie fest.

„Da hätte ich einen tollen Tipp", mischt sich Ekko ein. „Nur ein paar Schritte von hier liegt das wunderschöne Opelbad über den Dächern der Stadt. Umgeben von Weinbergen kann man im 24 Grad warmen Wasser schwimmen und dabei die Aussicht auf die Stadt genießen. Wilhelm von Opel hat dieses prächtige Sommerschwimmbad auf Wiesbadens Hausberg errichten lassen. Aber kommt weiter, jetzt zeige ich euch das allerschönste Gebäude der Stadt..."

13

Russische Kirche

Bruno staunt, als er die vergoldeten Kuppeln der Russischen Kirche betrachtet. „Ist das echtes Gold?", fragt er. „Klar", meint Ekko. „Allerdings ist nur die oberste Schicht der Kuppeln vergoldet." Marie möchte wissen: „Warum wurde die Russische Kirche überhaupt gebaut?". „Das ist eine traurige Geschichte", beginnt Ekko seine Erzählung. „Es war im Jahre 1844, als Herzog Adolph von Nassau, der übrigens von 1817 bis 1905 lebte, die schöne russische Zarentochter Elisabeth heiratete. Das war ein großes Fest. Drei Tage wurde ihre Hochzeit gefeiert. Die Freude jedoch währte nicht lange, denn schon ein Jahr später starb Elisabeth am Kindbettfieber. Auch ihr Kind überlebte nicht. Es starb einen Tag später....". Marie rollt eine dicke Träne über die Wange. „Erzähl bitte weiter!", schluchzt sie.

„Nachdem Elisabeth und ihr Kind gestorben waren, war der Herzog untröstlich und beauftragte den Architekten Phillip Hoffmann für seine beiden geliebten Verstorbenen eine russisch-orthodoxe Grabkirche zu bauen. Phillip Hoffmann reiste fast ein Jahr lang durch Russland und schaute sich die schönsten und prächtigsten orthodoxen Kirchen an, bis er wusste, wie die Kirche, die er dem Herzog erbauen würde, aussehen sollte. Im Jahr 1848 begann der Bau der Kirche, und es dauerte sieben Jahre bis sie fertig war. So entstand in Wiesbaden die schönste russisch-orthodoxe Kirche in Westeuropa." „Cool", meint Bruno. „Da können wir Wiesbadener aber echt stolz drauf sein!" „Stimmt! Und ich kann euch noch etwas berichten, worauf man als Wiesbadener stolz sein kann...", fährt Ekko fort. „Erzähl!", meint Marie ungeduldig. Ekko lässt sich nicht lange bitten. „Zu dieser Kirche gehört auch noch der russische Friedhof. Hier liegt der berühmte Maler Jawlensky begraben. Dieser lebte von 1864 bis 1941 und hat auch mehrere Jahre in Wiesbaden verbracht. Viele seiner Bilder kann man in der Gemäldegalerie des Wiesbadener Museums bewundern." „Das finde ich interessant", meint Bruno, „aber wollen wir nicht mal in die Russische Kirche hineingehen?" Auch Marie will sich die Kirche unbedingt von innen ansehen.

„Wow!", staunt Bruno abermals, als sie durch das große Tor schreiten. „Hier ist ja alles aus Marmor und aus Gold. Jedenfalls sieht es so aus, weil alles so wunderschön funkelt und glänzt!" „Tja", meint Ekko grinsend, „unser Herzog hat sich die Grabstätte seiner geliebten Ehefrau eben was kosten lassen. Zu unserem Vorteil, denn die Kirche ist eine der wichtigsten Sehenswürdigkeiten unserer Heimatstadt. Kommt, lasst uns weitergehen. Von hier ist es nicht weit in die Nerotalanlage mit den vielen wunderschönen Villen, die weit über die Stadtgrenzen hinaus bekannt sind."

14

Leichtweißhöhle

„Bruno, Marie, jetzt rennt doch nicht so, sonst fallt ihr noch über die Baumwurzeln. Kommt lieber mal her und schaut euch das an!" Erstaunt bleiben die Kinder stehen. „Was gibt es denn da zu entdecken, Ekko?", fragt Marie. „Na, seht ihr denn den Rauch nicht?", fragt Ekko. „Was ist denn daran so besonders?", möchte Bruno wissen. „Kennt ihr die Geschichte vom Räuber Leichtweiß?" „Wer war denn das und was ist mit ihm passiert?" Bruno und Marie sind gespannt, und Ekko fängt an zu erzählen: „Vor 200 Jahren waren Not und Elend der einfachen Leute groß. Fürsten herrschten im Nassauer Land. Oft nutzten sie ihre Macht rücksichtslos aus. Wer sich gegen ihre Gewalt wehrte, musste damit rechnen, eines Tages am Galgen zu enden. In dieser Zeit kam 1723 Heinrich Anton Leichtweiß in dem kleinen Dörfchen Kirberg zur Welt. Der junge Leichtweiß erlernte das Bäckerhandwerk und auch die Bürstenmacherei. Er heiratete und wurde Vater vieler Kinder. 1788 sollte er dann angeblich in einen Wiesbadener Weinkeller eingebrochen und auf frischer Tat ertappt worden sein. Die Motive seiner Tat konnten nicht geklärt werden. Am 1. Mai 1788 musste Leichtweiß für ein Jahr ins Zuchthaus am Michelsberg. Das war eine sehr harte Strafe.

Als er entlassen wurde, schämte er sich so sehr, dass er nicht mehr zu seiner Familie zurückkehrte. Er fand Unterschlupf in einer Höhle im Nerotal und suchte dort Schutz vor schlechtem Wetter und vor seinen Verfolgern. Der Hunger zwang ihn, ein Wilddieb zu werden. Eines Tages machte sich Anton Leichtweiß in seiner Höhle ein Feuerchen, um zu kochen. Ein paar Waldarbeiter sahen Rauch aufsteigen. Sie meldeten ihre Beobachtung und man fand die Leichtweiß-Höhle. Leichtweiß konnte zunächst entkommen. Am Ende des Jahres wurde er verhaftet, aber als Wilderer, nicht als Räuber.

Man brachte ihn wieder ins Zuchthaus. Anton Leichtweiß wartete lange auf sein Gerichtsverfahren. Der Landesfürst hatte schon längst über sein Schicksal entschieden: Leichtweiß sollte bis zu seinem Tod eingekerkert werden. Am 12. März 1793 ist Leichtweiß als gebrochener Mann im Zuchthaus am Michelsberg gestorben." „Das hört sich aber gar nicht nach einem gemeinen Räuber an", bemerkt Marie traurig. Da nickt der Riese: „War der Leichtweiß auch nicht, er war kein Räuber, sondern ein Wilderer aus Not. Doch da haben die Leute früher beim Geschichtenerzählen keinen Unterschied mehr gemacht und aus dem harmlosen Bäcker wurde ganz schnell ein Räuber." „Trotzdem ist das aber eine spannende Geschichte", stellen Bruno und Marie fest. „So, und jetzt schauen wir uns die Höhle von innen an, dann könnt ihr euch das alles bestimmt besser vorstellen", schlägt Ekko vor. Gespannt darauf, was sie in der Höhle erwartet, laufen Marie und Bruno nun zum Eingang der Leichtweiß-Höhle.

15

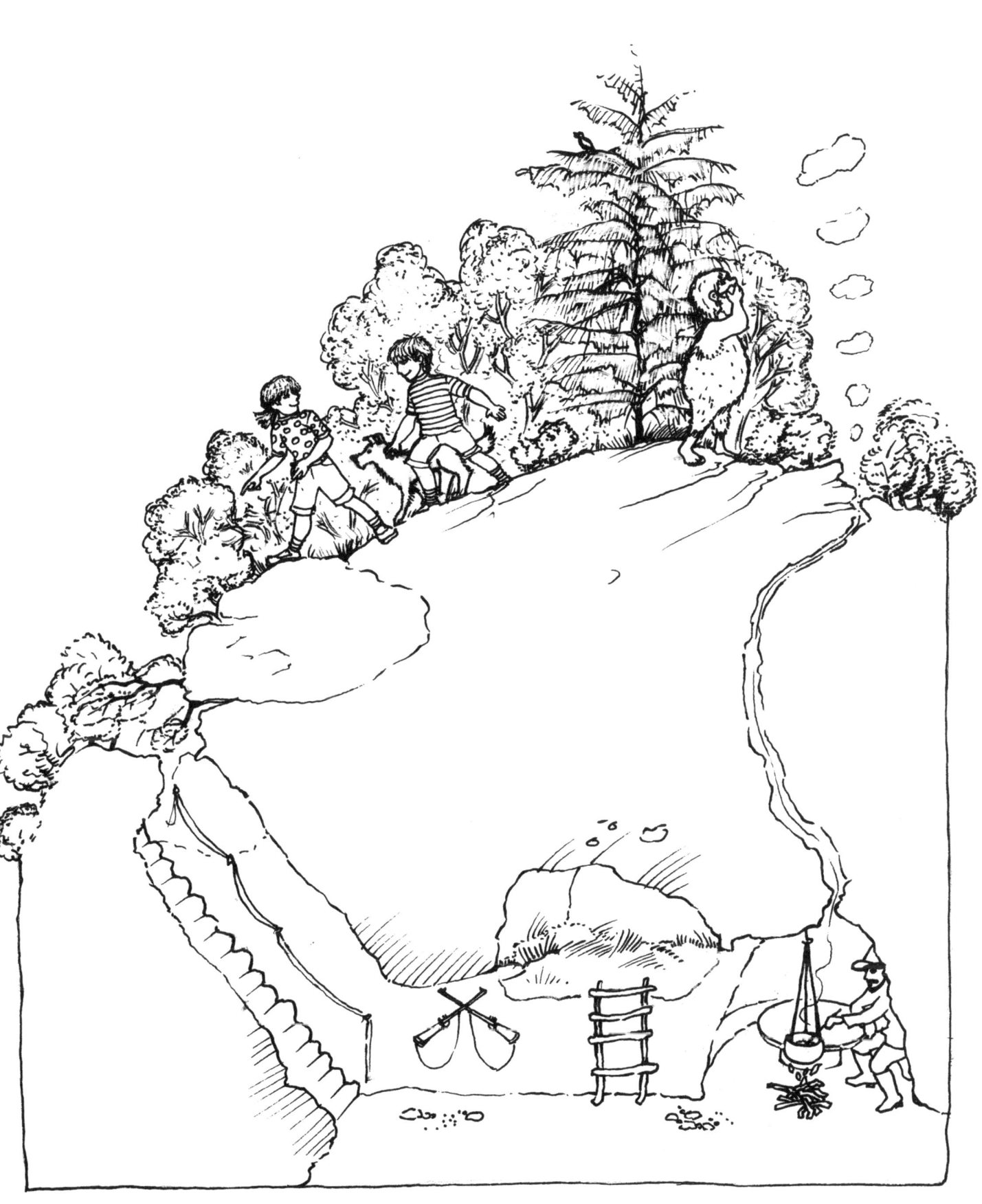

Burg Sonnenberg

Marie und Bruno haben nicht bemerkt, dass Ekko heimlich zwischen den Häusern der Talstraße in Sonnenberg verschwindet. Er klettert den steilen Weg hinauf zum Bergfried. „Kommt doch rauf!", ruft er Marie und Bruno zu, als er die tolle Aussicht auf das Tal und den Taunus sieht. Schnaufend laufen sie den Turm hinauf und lassen sich von Ekko die Geschichte der Burg erzählen: „Die Burg auf dem Schieferfelsen wurde von den Grafenbrüdern Heinrich II. und Ruprecht IV. von Nassau vor über 800 Jahren erbaut (um 1201-1204). In einer Urkunde wird die Burg erstmals im Jahre 1221 („castrum Sunneberc") erwähnt."

„Warum hat man ausgerechnet hier die Burg gebaut?", wollen Marie und Bruno wissen. „Zum einen lieferte ein nahegelegener Steinbruch das nötige Baumaterial, zum anderen konnte man vom Bergfried aus nach allen Seiten Ausschau halten. Von hier oben kann man die gesamte Burganlage mit den drei starken Ringmauern, dem Wohngebäude, den Burgtoren, der Kapelle und den Wirtschaftsgebäuden gut erkennen", weiß Ekko zu berichten.

„Seit dem 12. Jahrhundert bestimmten die Grafengeschlechter der Nassauer und Eppsteiner die Geschichte der Burg. Zwischen ihnen kam es wegen des Grenzverlaufes immer wieder zu Streitigkeiten. Es gelang den Eppsteinern, die Burg teilweise zu zerstören. Auch ein richtiger König lebte zeitweise auf der Burg Sonnenberg. Es war der Graf Adolf von Nassau. Er war der einzige aus dem Geschlecht der Nassauer, der zum deutschen König gewählt wurde. Das war 1292. Allerdings regierte der König nur sechs Jahre. Er fiel in der Schlacht bei Göllheim/Pfalz (1298).

Im Schutz der Burg haben sich dann Menschen in kleinen Fachwerkhäusern angesiedelt. Wahrscheinlich waren es Bauern, Handwerker und Knechte. Seit dem Jahre 1611 ist die Burg unbewohnt. Kriege, Brände und die Nutzung als Steinbruch ließen sie zur Ruine werden."

„Gab es denn auch Ritterturniere auf der Burg Sonnenberg?", wollen Marie und Bruno wissen. „Wegen des steilen Geländes ist das eher unwahrscheinlich", vermutet Ekko. „Dafür gab es auf der Maaraue und dem Gelände zwischen Kostheim und Erbenheim 1184 das wohl größte Ritterfest, das je auf deutschem Boden gefeiert wurde. Die Gegend wimmelte von Menschen, Pferden, Zelten Fahnen. 40.000 Ritter sollen daran teilgenommen haben. Während dieses Pfingstfestes des Kaisers Barbarossa wurden die beiden Söhne des Kaisers feierlich zu Rittern geschlagen." Ekko hat seinen Vortrag beendet. „Jetzt haben wir ja eine ganze Menge über die Burg und das Mittelalter gelernt", freuen sich Bruno und Marie.

„Apropos Lernen: Wisst ihr eigentlich, dass hier in Sonnenberg der Vater der deutschen Rechtschreibung, Konrad Duden, einige Jahre gelebt hat?", fragt Ekko. Als Marie und Bruno sich ein Eis kaufen, ist Ekko schon wieder in der Talstraße verschwunden. Er will die Stelle im Burggarten finden, wo ein Ochse auf der Flucht vor einem Metzger in die Tiefe gesprungen sein soll...

16

Apothekergarten

"Aua, ich habe mich in den Finger geschnitten!", brüllt Bruno. "Mit so einem alten Taschenmesser kannst du dir schnell eine Blutvergiftung holen", meint Marie besorgt. Da bricht Ekko aus einem Pflanzenbeet hervor und sagt: "Zeig mir mal deine Wunde, Bruno!" Ekko beschnuppert den Schnitt andächtig. "Hab keine Angst, Bruno, wir sind hier im Apothekergarten, da finden wir die richtige Medizin, um deine Wunde zu heilen." "Du musst wissen, dass es hier etwa 240 Heilpflanzen gibt: Von A wie Arnika bis Z wie Zinnkraut", sagt Marie.

Dann verschwindet Ekko zwischen den Beeten. Er kommt zurück mit Heilpflanzen wie Ringelblume, Johanniskraut und Arnika. "Sie sollen bei Schürf- und Schnittwunden helfen", erklärt Ekko. Er presst die Pflanzen zu einem Mus, den er in ein Taschentuch drückt. Diesen Umschlag bindet er um die Wunde. "Das grenzt ja an Wunderheilung", scherzt Bruno. Apropos Wunder: Hier im Garten gibt es so etwas wie eine Heilige – es ist Hildegard von Bingen (1099-1179), eine ganz starke Frau aus dem Mittelalter. Sie hatte ein eigenes Kloster gegründet und verfasste zahlreiche Gedichte. Zum Behandeln von Krankheiten verwendete sie Arzneien aus Pflanzen. Einige ihrer Lieblingspflanzen sind im Apothekergarten angepflanzt. "Nun lasst uns aber noch ein bisschen im Apothekergarten verweilen!", meint Marie. "Schaut euch diese Blütenpracht an."

Es ist nicht schwierig, sich im Apothekergarten zu orientieren: Die Beete sind nach der Wirkung der Pflanzen gegliedert. Schilder nennen den Pflanzennamen und erläutern die Heilwirkung. Gegen Nervosität helfen zum Beispiel Baldrian und Melisse. Bei Herzbeschwerden helfen Fingerhut, Maiglöckchen und Adonisröschen. Im Apothekergarten erfährt man viel Wissenswertes. So waren es vor allem die Klöster, die sich um den Anbau von Heilpflanzen verdient machten. Früher züchteten die Apotheker ihre Medizin im eigenen Garten, heute greifen sie einfach in ihre Schublade und holen ein fertiges Medikament heraus.

"Nun lasst uns weitergehen!", sagt Marie und deutet auf den Goldfischteich. Dort gibt es nicht nur Fische, sondern auch Frösche, Molche und Libellen. Marie, Bruno und Ekko genießen die herrliche Ruhe im Apothekergarten.

"Im Aukammtal, am Rande der Innenstadt, ist eben jeden Tag Gartenschau", meint Ekko. "Lasst uns noch zur wunderschönen ‚Orangerie' laufen, einer ehemaligen Stadtgärtnerei von Wiesbaden. Hier kann man nämlich ganz günstig Kräuter und Blumen kaufen."

17

Domäne Mechtildshausen

„Oh, hier gibt es ja so viele Tiere: Schafe, Kühe, Rinder, Hühner, Gänse, Pferde, Hunde und Katzen", ruft Bruno. „Wie auf einem richtigen Bauernhof." „Die Domäne ist sogar mehr als ein Bauernhof", antwortet Ekko, „auch wenn ich gerade aus dem Kuhstall komme. Sie ist etwas ganz besonderes: Hier wird Gemüse angebaut, Obst geerntet, Rinder, Schweine und Geflügel werden gezüchtet – aber es ist ein Bio-Landbetrieb. Ein Beispiel dafür ist, dass man auf künstlichen Dünger verzichtet. Es gibt eine Metzgerei, eine Käserei, eine Bäckerei und ein Restaurant. Sogar übernachten kann man im Domänen-Hotel. Und was viele Leute ganz toll finden ist, dass Jugendliche, die nur schwer einen Arbeitsplatz finden, hier in 28 Handwerksberufen ausgebildet werden. Da muss man die Verantwortlichen bei der Stadtverwaltung wirklich loben," meint Heimatforscher Ekko. Bruno und Marie hören ihm aufmerksam zu: „Die Domäne blickt auf eine wechselvolle Geschichte zurück, denn bereits im 12. Jahrhundert wird sie erstmals urkundlich erwähnt. Damals gab es hier eine Reichsgerichtsstätte, an der Todesurteile gefällt und im Namen des Kaisers auch vollstreckt wurden."

„Da ist es heute aber viel schöner", findet Marie. „Aber jetzt wollen wir mal den Hof erkunden. Lasst uns zuerst in den Hofladen gehen!". „Herein spaziert!", freut sich die Verkäuferin. Bruno und Marie staunen nicht schlecht als sie die knallroten Äpfel sehen. „Nehmt euch ruhig einen. Sie wurden erst heute Morgen frisch vom Baum gepflückt. Außerdem freuen wir uns, wenn sich Kinder für unsere Arbeit interessieren." „Das ist aber nett," sagt Bruno und beißt in den knackigen Apfel. „Wollt ihr hier noch mehr sehen?", will die Verkäuferin aus dem Hofladen wissen. Marie antwortet eifrig: „Uns interessieren die Ställe und die Gewächshäuser." „Wo möchtet ihr zuerst hin? Zu den Tomaten oder zu den Gurken?" „Zu den Tomaten!", antwortet Ekko. „Ich wollte schon immer wissen, wie lange es dauert, bis sie richtig rot und reif sind." Nach den Gewächshäusern gehen sie in die Ställe. „Auf der Domäne werden die Tiere artgerecht gehalten", erzählt ihnen die Verkäuferin. „Die Hühner laufen frei herum, und die Rinder leben in großen Laufställen. Die Kühe geben durchschnittlich 20 Liter Milch pro Tag. Zweimal täglich werden sie gemolken. Die gekühlte Milch wird dann zur weiteren Verarbeitung in die Käserei gebracht. Ich könnte euch noch so viel erzählen, aber es tut mir leid, ich muss jetzt zurück in den Hofladen, die Kundschaft wartet!". Ekko, Bruno und Marie kaufen noch ein Bauernbrot, Wurst, Eier und Käse und fühlen sich nach dem Einkauf auf der Domäne sehr wohl. Ekko meint abschließend: „Das Fleisch in der Kühltheke hat natürlich auch mal gelebt, aber garantiert nicht unter so entsetzlichen Bedingungen wie an anderen Orten. Und wenn ich mal Kuh, Ziege oder Huhn werden müsste, dann wäre ich es gerne hier auf der Domäne."

18

Römischer Ehrenbogen

„Wo ist eigentlich Ekko?", fragt Marie. „Er ist den alten römischen Ehrenbogen hochgeklettert", antwortet Bruno. „Ach du meine Güte!", ruft Marie völlig entgeistert. „Ekko, bist du wahnsinnig?" „Nein, ich fühle mich wie ein römischer Feldherr hier oben." „Komm doch runter und erzähl uns etwas von diesem geheimnisvollen Ehrenbogen!", rufen Marie und Bruno hinauf.

„Es war ein sensationeller Fund, damals im Jahre 1986. Der römische Ehrenbogen wurde durch Zufall bei Bauarbeiten in der Großen Kirchenstraße in Mainz-Kastel entdeckt. Alle Zeitungen berichteten in großer Aufmachung. Archäologen des Landesamts für Denkmalpflege und Experten aus ganz Deutschland eilten nach Kastel, um den Fund aus der Nähe zu betrachten. Nach wochenlangen Forschungen wurde das Rätsel gelöst: Bei diesem Fund handelte es sich zweifelsfrei um den Ehrenbogen des „Germanicus", Sohn des „Drusus", ein Prunktor aus dem ersten Jahrhundert nach Christus. Von dem ehemaligen Ehrenbogen sind heute allerdings nur noch die Fundamente erhalten. Wenn ihr wollt, könnt ihr dessen Reste im Kellergeschoss des Wohnhauses in der Großen Kirchenstraße besichtigen", erläutert Ekko. „Das ist ja sehr interessant", sagen Marie und Bruno gleichzeitig. „Erzähl uns bitte mehr!" „Nun ja, der Ehrenbogen wurde vor fast 2.000 Jahren für den römischen Feldherrn Germanicus errichtet. Er war fast so groß wie ein zweistöckiges Haus und war somit eines der größten Bauwerke nördlich der Alpen. Er hatte zwei kleine und einen großen Durchgang." „Richtig riesig", rufen Marie und Bruno. „Durch solche Bögen sind früher römische Armeen nach einem Sieg gezogen. Das war eine große Auszeichnung für die Legionäre (Soldaten)", erklärt Ekko den beiden Kindern.

„Da wäre ich gerne dabei gewesen", sagt Bruno. „Das war bestimmt aufregend". „Nein, das wäre bestimmt viel zu gefährlich gewesen", entgegnet Marie. „Hört auf euch zu streiten, schaut euch lieber mal die Inschrift auf den Steinquadern an: „LEG XIIII" steht darauf und ist ein Hinweis auf die in Kastel stationierte römische Legion." „Warum ist der Bogen eigentlich nicht besser erhalten?", wollen Marie und Bruno wissen. „Nach dem Zerfall des römischen Reiches im Jahre 406 wurden die Bausteine abgetragen und in anderen Gebäuden verwendet. Ähnliche Bauwerke wurden sonst nur noch in Italien, Frankreich und Nordafrika gefunden." „Ist denn aus Wiesbadens römischer Vergangenheit sonst nichts mehr vorhanden?", wollen Marie und Bruno wissen. „Leider nein", antwortet Ekko. „Ein Meilenstein (122 n. Chr.) wurde 1896 in Mainz-Kastel gefunden. Er hat uns den römischen Namen Wiesbadens „Aquae Mattiacorum" überliefert. Im Wiesbadener Museum befinden sich nur Funde wie Waffen, Tonscherben, römische Münzen, Grabsteine und Säulen. Wenige Reste der Heidenmauer und die Inschrift „Aquis Mattiacis" im Giebel des Kurhauses erinnern an die Römerzeit." „Das ist aber schade", sagt Bruno. „Dann verkleide ich mich eben als römischer Legionär und laufe am Rosenmontag von Castellum (Kastel) über die Rheinbrücke nach Mogontiacum (Mainz)."

19

Mosbach Sande

„Halt!", ruft Ekko dem Baggerführer in letzter Sekunde zu. In einer Kraterlandschaft aus Sand, Kies und Steinen schauen riesige Knochen heraus. Schnell erklimmen Marie und Bruno den steilen Hang. Sie buddeln mit ihren bloßen Händen und legen ein Knochengerüst frei. „Von einem Dinosaurier stammt es nicht, denn die haben hier nie gelebt", weiß Ekko zu berichten.

„Was das wohl sein mag?", fragen sich Marie und Bruno. „Oh Gott, doch nicht etwa ein Skelett von einem.......?" Der hinzugeeilte Baggerführer beruhigt Marie und Bruno. Schon oft haben er und seine Kollegen solche Funde in der Grube gemacht. Er rät den drei Heimatforschern: „Setzt euch doch am besten mit dem Museum in Wiesbaden in Verbindung. Dort sind die Experten", ruft ihnen der Baggerführer zu. Marie und Bruno machen sich auf den Weg und wollen von ihrem Fund berichten. Nach einem Gespräch mit dem Leiter der Naturkundlichen Abteilung des Museums begleiten zwei Angestellte des Landesamts für Denkmalpflege und Geologie in Wiesbaden die beiden zur Grube. Nach einer ersten Untersuchung sind sie vom Ergebnis überrascht. „Was ihr da gefunden habt, sind tatsächlich Reste eines Flusspferdes, das hier am Rhein vor ca. 30.000 Jahren gelebt hat. Flusspferde im Rhein – und das in der Eiszeit hört sich zwar seltsam an, entspricht aber den Tatsachen: Löwen, Leoparden und der gefürchtete Säbelzahntiger lebten in dieser Region."

„Woher weiß man das alles", möchten Bruno und Marie wissen. Da meldet Ekko sich wieder zu Wort: „Wie man das beweisen kann? Es sind die berühmten Mosbach Sande, benannt nach dem Biebricher Ortsteil Mosbach, die die Beweise liefern. Im Bereich der Mosbach Sande wurden die verendeten Tiere in der Eiszeit aus dem Main und dem Rhein angeschwemmt, um hier endgültig von Sand, Kies und Geröll zugedeckt zu werden. So wurden die Mosbach Sande zu einer Art Friedhof für die eiszeitlichen Tiere und zu einer ihrer berühmtesten Fundstellen in der Welt. Die zahlreich gefundenen Tier- und Pflanzenreste erzählen aus Wiesbadens Urzeit. Zwar sind es stets nur Teile, wie Knochen, Zähne oder Schädel, die gefunden werden, aber wie bei einem Puzzlespiel setzen die Forscher die Teile zusammen: Dieser Zahn gehörte einem Nashorn, dieses Gebiss einem Löwen usw. So lässt sich das Bild der Landschaft und ihrer Bewohner auch noch nach vielen Millionen Jahren ziemlich genau zusammenfügen." „Dürfen wir denn einen Knochen vom Flusspferd behalten?", fragen Bruno und Marie. „Leider nein", geben ihnen die Archäologen zur Antwort. „Diese wertvollen Fundstücke sind selten, denn sie zeigen uns, wie es hier einmal vor vielen tausend Jahren ausgesehen hat."

Im Kalksteinbruch wurde über 20 Jahre hinweg Kalkstein für die Zementproduktion abgebaut. Auf dem Gelände soll in naher Zukunft ein Biotop entstehen. Das Umweltamt verspricht sich davon die Ansiedlung seltener Tierarten.

20

Biebricher Schloss

„Schau mal, Bruno, dort vor dem Schloss reitet Ekko." „Was macht der denn da?", fragt Bruno. „Übt er vielleicht für das Internationale Reitturnier, das seit vielen Jahren immer zu Pfingsten stattfindet?" „Aber nein, Ekko versetzt sich nur in die Zeit der Fürsten und Herzöge, die auf Pferden und Kutschen zum Schloss kamen. Ekko will uns wieder ein bisschen Geschichtsunterricht erteilen." Das ist für Ekko das Stichwort und schon legt er los: „Einer der Herzöge verlegte 1744 seine Residenz von Usingen hierher. Aus dem Landstädtchen Wiesbaden sollte eine Residenzstadt werden. Dazu gehörte ein so prächtiges Gebäude wie das Biebricher Schloss. Ganz zu Anfang war es nur ein kleines Gartenhaus (1700-1701), aber Fürst Georg August Samuel ließ es zu einem prächtigen Schloss umbauen. Das Schloss gehört zu den bedeutendsten Barockbauten am Mittelrhein. Von 1744 bis 1866 war es Residenz der Fürsten und Herzöge von Nassau. Der Bau des Schlosses dauerte mehrere Jahre. „Zu einem Schloss gehört natürlich auch ein prächtiger Park", fügt Ekko hinzu.

Der Biebricher Schlosspark wurde von Friedrich Ludwig von Sckell (1823) fertig gestellt. „Kommt mit, wir können über die ‚Dicke Allee' mit ihren großen Kastanienbäumen zur Mosburg, einer märchenhaften und künstlichen Ruine, laufen! Früher fanden hier Bälle und Hochzeitsfeierlichkeiten statt. Der Name Mosburg stammt von einem erst nach Biebrich, dann nach Wiesbaden eingemeindeten Dorf. Wenn wir Glück haben, sehen und hören wir die farbenprächtigen Papageien: Halsband- und Alexandersittiche. Sie sind leuchtend grün und haben einen spitzen roten Schnabel. Mit den gelben Ringen um die Augen sehen sie wie Clowns aus. Ursprünglich kommen sie aus Afrika und Asien. Seit ein paar Jahren sind sie hier heimisch geworden, und man sieht sie inzwischen auch im Wiesbadener Kurpark. In der Nacht suchen sie spezielle Schlafplätze in alten Bäumen in Schierstein auf."

Mittlerweile fängt es an, dunkel zu werden. Von der Terrasse des Schlosses hat man einen schönen Blick auf den Rhein. Marie und Bruno geraten ins Schwärmen als die ersten beleuchteten Schiffe vorbeifahren. Plötzlich zeigt Ekko auf ein kleines schwarzes Wesen, das knapp über ihre Köpfe hinweg fliegt. „Was ist denn das?", fragt Marie ängstlich. Ekko beruhigt sie und erklärt: „Das ist eine von den Fledermäusen, die sehr zahlreich im Schlosspark leben. Diese Fledermäuse sind harmlos. Sie ernähren sich von Insekten und sind nur in der Nacht aktiv. Tagsüber schlafen sie kopfüber in Baumhöhlen. Und jetzt müssen wir weiter!", drängelt Ekko und verbindet die Augen von Bruno und Marie mit einem schwarzen Tuch. „Du machst es aber spannend", meint Bruno. Ekko führt sie zurück in den Schlossgarten. Mit einem lauten Knall und Orchestermusik wird die Gala „Schloss in Flammen" eröffnet. Marie und Bruno sind vom Feuerwerk total begeistert, denn Schloss und See glänzen in allen Farben und Lichtern.

21

Ausflug an den Rhein

„Wir müssen uns beeilen, Ekko, die Schiffsglocke läutet schon", rufen Marie und Bruno. Alle drei schaffen es gerade noch die MS Stolzenfels zu erreichen. Das Schiff gehört zur „Weißen Flotte" der Köln-Düsseldorfer Schifffahrtslinie, die seit 1879 Fahrgäste und Touristen aus aller Welt auf dem Rhein zwischen Mainz und Köln befördert. Nach Schierstein kommen die ersten Weinberge in Sicht. Die Weinberge und der Rieslingwein sind das Markenzeichen des Rheingaus. Schon die Römer haben hier Wein angebaut. Zur wahren Blüte gelangte der Weinbau im Rheingau durch die Klöster Johannisberg und Eberbach. Unter der Anleitung der Mönche wurden die ersten Weinberge angelegt. Klima und Böden sind für den Weinbau von größter Bedeutung.

Wie eine Perlenkette reihen sich die Sehenswürdigkeiten rechts und links des Rheins. Rüdesheim ist der touristische Höhepunkt für Besucher aus aller Welt. Lohnenswert ist eine Fahrt mit der Seilbahn zum Niederwalddenkmal. In Rüdesheim beginnt die atemberaubend schöne Flussfahrt durch das Mittelrheintal. Kurz hinter Rüdesheim zunächst der Mäuseturm, um den sich die Sage vom bösen Bischof Hatto rankt. Ein großer Geizhals, der arme Leute in einer Scheune einsperrte und bei lebendigem Leibe verbrannte. Er erhielt seine gerechte Strafe, als er sich auf eine kleine Rheininsel flüchtete und Mäuse über ihn herfielen und ihn auffraßen. „Das ist ja eine schaurige Geschichte, die du uns da erzählst", ergänzt Bruno. „Das wird nicht die letzte sein," erwidert Ekko. „Wartet nur, bis wir den Loreleyfelsen passieren, da gibt es auch eine spannende Sage zu erzählen." Zunächst aber geht es vorbei an zahlreichen Burgen und Burgruinen. Eine kleine Zauberburg mit Kapelle und Rittersaal ist die Burg Rheinstein. Das Tal und die Hänge werden immer steiler. Vom oberern Mittelrheintal geht ein Zauber aus, der schon vor über 100 Jahren Dichter, Sänger, Romantiker und Reisende in seinen Bann zog. „Hier gibt es die weltweit höchste Burgendichte, Weinbau in Terrassen und Steilhänge, Romantik pur, Pflanzen, Eidechsen und Schmetterlinge, die sonst nur am Mittelmeer vorkommen", schwärmt Ekko. Die Unesco konnte überzeugt werden, das Mittelrheintal zum Weltkulturerbe zu erklären.

Plötzlich erklingt ein Lied aus dem Schiffslautsprecher: „Ich glaube, das ist Ekko, der uns mit dem Loreleylied auf den berühmten Loreleyfelsen aufmerksam machen will." „Ich weiß nicht, was soll es bedeuten, dass ich so traurig bin. Ein Märchen aus uralten Zeiten, das kommt mir nicht aus dem Sinn." Der Loreleyfelsen hat viele Dichter inspiriert. In früheren Zeiten war die Passage an dieser Stelle wegen der Strudel und Untiefen sehr gefährlich. 1823 veröffentlichte Heinrich Heine eine Ballade über die Loreley, eine Frau mit langem blonden Haar. Sie soll Flößer und Schiffer, die ihr Gefährt durch die Stromschnellen zu ihren Füßen steuerten, mit ihrem Gesang und ihrer Schönheit betört haben, dass ihr Boot kenterte und die Besatzung ertrank. „Hoffentlich passt der Kapitän unseres Bootes gut auf, dass uns nicht das gleiche Schicksal widerfährt", mahnt Marie. Auf der Rückfahrt stimmen dann alle Bordgäste das Lied an „Warum ist es am Rhein so schön? Am Rhein so schön?".

22

Schiersteiner Hafen

Marie, Bruno und Ekko sitzen am Rheinufer und lassen die Füße im Wasser baumeln. Mit Brotstückchen füttern sie die Enten, während kreischende Möwen den vorbeifahrenden Schiffen folgen. „Sieh mal, ein Storch,... und da noch einer... und dort oben auf dem Schornstein ein Storchennest!", ruft Bruno aufgeregt. „Leben hier viele Störche?", will Marie wissen. „Aber klar, seht doch selbst", antwortet Ekko und erklärt: „Dieses Gelände ist ein Wasserschutzgebiet. Hier wird ein Teil des Wiesbadener Trinkwassers gewonnen. Eine ideale Gegend für Störche, deshalb hat sich hier eine große Kolonie von Weißstörchen angesiedelt. Vor allem in den Monaten April bis Juni kann man das Brutgeschehen auf dem alten Fabrikschornstein in der Küferstraße, auf dem Wasserwerksgelände und auf den Hochspannungsmasten besonders gut verfolgen. Jährlich leben und brüten hier ca. 60 Störche – und das schon seit über 25 Jahren."

Auch Bruno weiß einiges über Störche zu erzählen: „Der Weißstorch wird ca. 1,10 Meter groß und hat eine Flügelspannweite von 2,20 Meter. Auf seinem Speiseplan stehen Regenwürmer, Frösche, Insekten und Mäuse. Die Lebenserwartung beträgt ca. 20 Jahre. Sein Lebensraum ist durch die Trockenlegung von Feuchtgebieten und den Bau von Straßen und Häusern bedroht. Auch auf seiner Reise in den Süden zu den Überwinterungsgebieten lauern zahlreiche Gefahren." „Stimmt", sagt Ekko. „In Wiesbaden-Schierstein scheinen sich die Störche wohl zu fühlen. Aber hier leben natürlich noch viele andere Wasservögel – zum Beispiel Schwäne, Möwen, Enten und Kormorane. Früher haben die Leute in Schierstein vom Fischfang gelebt. Damals war Schierstein ein armes Fischerdorf."

Das Heimatmuseum von Schierstein ist in der „Alten Hafenschule" untergebracht. Dort betrachten sich die drei Freunde aufmerksam die Bilder von den Fischern mit ihren Netzen. „Wenn man die Bilder von früher jetzt sieht, kann man kaum glauben, dass Schierstein heute ein Vorort mit sehr viel Industrie ist", stellt Marie fest. „Können wir nachher auch einmal Boot fahren?", fragt Bruno sehnsüchtig. „Ja klar, wir können mit einem Tret- oder Ruderboot ein paar Runden im Hafenbecken drehen oder mit der „Tamara" auf die Rettbergsau fahren." „Schaut mal, da drüben kann man das Training der Drachenboote beobachten", sagt Ekko. Bruno ergänzt sofort: „Drachenboote sind knapp 13 Meter lange Fahrzeuge aus Kunststoff und haben ihren Ursprung in Südostasien. Angetrieben werden sie von 16 bis 20 Paddlern, die sich nach dem Rhythmus des im Bug sitzenden Trommlers bewegen." „Im Juli, während des Hafenfestes, könnt ihr dann die spannenden Drachenbootrennen im Schiersteiner Hafen verfolgen", ruft Ekko Marie und Bruno nach. Die beiden sind aber schon längst unterwegs zum Bootsverleih.

23

Burg Frauenstein

„Als Nächstes besuchen wir Frauenstein", sagt Bruno. „Aber nur, wenn ich Kirschen essen darf", entgegnet ihm Marie, „denn dafür ist der Ort ja neben dem Wein sehr berühmt." „Ihr werdet gleich sehen, warum Frauenstein so bekannt ist", ergänzt der Riese Ekko. Er verschwindet kurz, erscheint dann aber schnell wieder und trägt nun eine silbern glänzende Rüstung. Er führt die beiden Kinder vor die große Burg. „Wer bist du denn jetzt?", fragt Bruno voller Ehrfurcht. „Ich bin Ritter Georg von Vrowenstein und werde euch den Ort zeigen und euch einige interessante Dinge erzählen, die ihr vielleicht noch nicht wisst." Lachend fängt Ekko, alias Ritter Georg, an zu erzählen: „Also, ich wohne schon sehr, sehr lange hier, genauer gesagt seit 800 Jahren." Da sagt Bruno: „Dann bist du ja richtig alt!".

Ekko fährt mit seiner Geschichte fort: „Die Burg, die ihr von hier gut sehen könnt, wurde in dem engen Tal im Jahre 1184 von Heinrich Bodo zu Idstein gebaut. Sie erhielt den Namen Vrouwensteyn, dem späteren Frauenstein." „Wie findet man denn heraus, wie alt so eine Burg wirklich ist", wollen Bruno und Marie wissen. Glücklicherweise ist ein Holzbalken aus der Gründungszeit der Burg erhalten geblieben. Durch die Analyse der Jahresringe konnte das genaue Alter der Burg bestimmt werden. Die Burg Frauenstein stammt aus dem frühen Mittelalter und ist somit das älteste Bauwerk in Wiesbaden. Im 17. Jahrhundert war Frauenstein und seine Burg ein Außenposten des Mainzer Kurfürsten gegen die mächtigen Grafen von Nassau. Die Nassauer wollten vermeiden, dass sich das Mainzer Erzbistum weiter ausdehnte. Deshalb bauten sie um Frauenstein herum fünf Höfe. Der Grorother Hof war besonders wichtig, denn er hatte einen Wehrhof mit Mauern, Schießscharten und Wehrtürmen. „Boha", sagt Bruno, „ist ja voll krass!". „Ja, das ist wirklich eine interessante Geschichte", stimmt ihm Marie zu.

„Das waren die Ritter, jetzt kommt der Dichter dran: Wisst ihr, dass Johann Wolfgang von Goethe zweimal in seinem Leben hier war? Leider hat er über diesen Ort kein Gedicht geschrieben, aber bestimmt hat er den köstlichen Wein aus Frauenstein probiert. An seine Besuche erinnert oben auf dem Berg der Goethestein. Von dort hat man eine herrliche Aussicht." Die Kinder sind mittlerweile ein bisschen müde und setzen sich unter eine große Linde. Marie und Bruno fragen: „Kannst du uns nicht noch ein bisschen mehr erzählen, Ekko?" Der Riese gibt ihnen einen Korb mit knackig roten, saftigen Kirschen und fängt mit der nächsten Geschichte an: „Diese Linde ist schon über 1.000 Jahre alt. Die Sage berichtet, dass ein adeliges Fräulein in einen armen Jüngling verliebt war. Der Vater erlaubte es seiner Tochter nicht, diesen armen Kerl zu heiraten. Der Jüngling wurde vom Vater grausam erschlagen, das Mädchen aber pflanzte hier diese Linde und ging dann aus Kummer ins Kloster. Weil hier aber so ein furchtbares Verbrechen begangen wurde, nannte bald jeder diese Linde „Blutlinde".

24

WEINHAUS ZUR BURG

Schloss Freudenberg

„Märchenschloss, Geisterschloss, Luftschloss, Türschloss, Wasserschloss – habe ich alles schon gehört, aber ein Schloss der Sinne?", fragt sich Marie. „Was ist ein Schloss der Sinne?" „Das ist ein Schloss voller Spiele und Experimente für die fünf Sinne: Fühlen, Schmecken, Riechen, Sehen und Hören. Dort kann man ganz viel entdecken", erklärt Ekko. „Kommt, lasst es uns einmal genauer ansehen!", ruft Marie. „Alles klar", sagt Bruno, und sie machen sich auf den Weg. „Das sieht ja aus wie ein verwunschenes Schloss, umgeben von einem verwilderten Garten, fast wie bei Dornröschen", staunt Marie. „Und schau dir die tolle Aussicht an!", ruft Bruno. „Da ist das Rheintal. Man kann sogar bis nach Rheinhessen sehen!", sagt Ekko. „Ja, die Aussicht ist super, aber lasst uns doch endlich das Schloss und den Park erkunden", drängelt Marie ungeduldig. „Ich will alle Räume, Stationen, Spiele und Experimente ausprobieren!" „Okay", stimmen Ekko und Bruno zu.

Sie flitzen ins Schloss. Bruno und Marie staunen nicht schlecht. „Im Keller gibt es eine richtige Dunkelkammer und den Gang der Finsternis", sagt Ekko. „Da gehen wir als Erstes hin!", rufen Bruno und Marie im Chor. Als sie unten angekommen sind, gruselt sich Marie doch ein wenig. „Ekko? Gib mir deine Hand, ich habe so eine Angst!", flüstert sie. „Ganz ruhig, ich bin direkt hinter dir. Weißt du, hier steht irgendwo eine Statue. Wenn du sie findest und ein paar Fragen beantworten kannst, dann bekommst du etwas geschenkt!", sagt Ekko. „Worauf warten wir dann noch!?! Auf geht's, fang an zu suchen!", ruft Marie, und schon ist ihre Angst vergessen. Sie suchen und suchen, aber leider können sie die Statue nicht finden. Nach einiger Zeit geben sie die Suche auf. „Schade", sagt Marie enttäuscht. „Ich hätte sie so gern gefunden." „Mach dir nix draus", tröstet Ekko. „Vielleicht findest du ja dafür den Märchenprinzen im Schlosspark." „Na ja, es wäre trotzdem schön gewesen...", murmelt Marie.

Auch im Schlosspark sind viele Stationen zu den Bereichen Hören, Sehen und Bewegen aufgebaut. Man macht viele verblüffende Erfahrungen durch Klangschalen, Tempelglocken, Summsteine, den Kletterberg, das Steinlabyrinth, die Sonnenuhr oder die Tastgalerie und vieles andere mehr. „Wer hat sich denn das alles ausgedacht?", wollen Marie und Bruno wissen. „Das war Hugo Kükelhaus (1900-1984), eine Art Entdecker der Sinne: Er wollte uns lehren, „wie das Auge sieht, das Ohr hört, die Nase riecht, die Haut fühlt, die Finger tasten, die Hand begreift, das Gehirn denkt", erklärt Ekko. „Und das alles kann man hier im Schloss der Sinne ausprobieren", freut sich Marie. „Bevor es ein Schloss für die Sinne wurde, war es Kinderheim, Tanzlokal, Gebetshaus und Soldatenclub", vervollständigt Ekko die Informationen.

„Kommt, lasst uns zum Abschluss in die Dunkelbar gehen!", schlägt Ekko vor. „Dort könnt ihr feststellen, dass das Trinken und das Bezahlen in der Dunkelheit gar nicht so einfach sind." „Und vielleicht siehst du ja dann auch endlich deinen Märchenprinzen", flüstert Bruno Marie ins Ohr.

25

Fasanerie

„Haben Sie knusprig gebratenen Fasan?", fragt der Gast die Kellnerin in der Fasanerie-Gaststätte. Marie und Bruno drehen sich entsetzt um. „Tut mir sehr leid", antwortet die Kellnerin. „Fasan haben wir schon lange nicht mehr auf der Karte." Marie und Bruno sind erleichtert, denn sie wollen nachher den Tier- und Pflanzenpark Fasanerie besuchen. Ekko kommt an den Tisch und beruhigt die beiden: „Fasane landen nicht mehr im Kochtopf. Die Zeiten sind schon zweihundert Jahre vorbei, als der Herzog zur Jagd auf Fasane im eignen Park einlud. Es gibt sie zwar noch, aber sie sind nur eine von fast 60 Arten im Tier- und Pflanzenpark. Der Name „Fasanerie" geht auf die Fasanenzucht zu Jagdzwecken im 18. Jahrhundert zurück.

Schon lange ist die Fasanerie ein beliebter Ausflugsort für Schulklassen und Familien." „Warum ist die Fasanerie eigentlich kein Zoo?", will Bruno wissen. „Das ist doch ganz klar!", sagt Marie. „Es gibt keine exotischen Tiere wie Giraffen, Affen, Löwen und Tiger. Hier leben Tiere, die hier zuhause sind. Zum Beispiel: Hirsche, Luchse, Wildkatzen, Wildschweine, Hasen und Füchse. Eine Besonderheit sind die Braunbären und Wölfe. Unter den Vögeln sind die Uhus die großen Stars." Bruno möchte noch mehr wissen.

„Sieh mal den Riesen da drüben!". Ekko dreht sich verdutzt um. „Ich dachte, ich sei der einzige Riese weit und breit." „Aber nein", beruhigt ihn Bruno. „Ich meine den Baumriesen da drüben, den Mammutbaum." „Das ist wirklich ein richtiger Gigant. Er ist etwa 100 Jahre alt und 42 Meter hoch. Der Umfang des Stammes beträgt ca. 7 Meter. Die Heimat des Mammutbaumes ist Nordamerika. Die Samen für diese Bäume brachten die Soldaten aus Amerika mit, die der Landgraf von Hessen-Kassel Friedrich II. (1760-1785) dorthin verkauft hatte, um die englischen Truppen im amerikanischen Unabhängigkeitskrieg zu unterstützen. So konnte der Landgraf seine leeren Kassen auffüllen. Außer Mammutbäumen gibt es Zedern, Zypres-sen und die verschiedensten Laub- und Nadelbäume."

Marie sagt: „Der Streichelzoo gefällt mir am besten. Hier kann ich Haustiere wie Ziegen, Schafe und Schweine streicheln und füttern." Auf einmal knabbert jemand an Maries Bein. Sie erschreckt sich. Aber es ist nur eine kleine Ziege, die aus ihrem Gehege ausgebrochen ist und nun frei herum läuft. „Du Angsthase", lacht Bruno, „erschreckst dich, wenn eine Ziege an deinem Bein knabbert!" Auf einmal schreit Ekko. „Was ist denn los?", will Marie wissen. „Der Bär ist los, der Bär ist los!" Marie und Bruno rennen so schnell sie können. Ekko zeigt ihnen den Weg. „Tut mir echt leid, aber ich habe euch eben wohl einen Bären aufgebunden. Aber: Die Fütterung der Braunbären beginnt in fünf Minuten."

26

Jagdschloss Platte

An einem kalten Morgen im Januar zieht Bruno den Rollladen an seinem Fenster hoch. „Marie, es schneit! Lass uns nach der Schule zum Rodeln auf die ‚Platte' fahren!" Gesagt, getan, nach dem Mittagessen fahren sie mit dem Bus auf die 490 Meter hohe „Platte". „Was ist das für ein rotes Gebäude?", wollen Bruno und Marie von Ekko wissen, der wild stapfend und mit einem großen Eiszapfen an der Nase aus dem Wald kommt. „Dazu kann ich euch viel erzählen", antwortet Ekko. „Vor fast 200 Jahren – genau von 1823 bis 1826 – baute Wilhelm I. von Nassau dieses Schloss, um hier während der Jagdsaison zu wohnen. Daher hat es auch den Namen ‚Jagdschloss Platte' erhalten."

Ekko merkt, dass die Kinder gespannt zuhören und fährt fort: „Das Schloss liegt auf der Taunushöhe oberhalb von Wiesbaden. Von der Aussichtsplattform hat man einen großartigen Blick auf die Stadt, über den Rheingau, nach Mainz und Rheinhessen und bei klarem Wetter über das Rhein-Main-Gebiet, den Odenwald und den 85 Kilometer entfernten Donnersberg. Viele Wanderwege verlaufen über die „Platte".

So kann man von hier zu Fuß, mit dem Rad oder auf Skiern die anderen Wiesbadener Hausberge – zum Beispiel den Kellerskopf (474 Meter) oder die Hohe Wurzel (614 Meter) erreichen. Der wildreiche Taunus war das bevorzugte Jagdrevier des Herzogs. In seinem Jagdschloss waren alle Möbel aus Hirschgeweihen, und die Polster der Stühle und der Sofas waren mit Hirschleder bezogen. Überall hingen Ölgemälde mit Jagdszenen. In einem Jahr kamen fast 80 Jagdtage zusammen. 54 Räume standen der Jagdgesellschaft zur Verfügung. Im Erdgeschoss wohnten die Jagdgäste, im Obergeschoss das Herzogspaar und im Dachgeschoss die Dienerschaft. Auch sein Sohn, Adolph von Nassau, nahm an den Jagden teil. Sehr viele Untertanen mussten als Treiber helfen. 1844 hatte der Herzog besonderes Jagdglück: Er erlegte im Taunus einen Hirschen mit einem Gewicht von 220 Kilogramm. 1865 lud der Herzog zu einem letzten großen Fest ins Schloss ein." Aber Ekko weiß noch mehr zu berichten:

„Viele Jahre später, in den letzten Kriegstagen des 2. Weltkrieges (1945), wurde das Schloss durch eine Fliegerbombe fast ganz zerstört. Es blieb dann viele Jahre lang eine Ruine. Doch seit ein paar Jahren regt sich wieder Leben in den alten Mauern – das Schloss wurde wieder aufgebaut. Zunächst erhielt es ein Glasdach, damit es nicht mehr hinein regnet. Inzwischen erinnern auch die beiden imposanten und originalgetreuen Bronzehirsche an die vergangenen Jagdzeiten der nassauischen Herzöge vor fast hundert Jahren. Seit das Jagdschloss fertig ist, wird es für große und kleine Feiern genutzt." Ekko fängt an zu kichern, als er noch hinzufügt: „Im Schloss gab es früher ein richtiges Klosett mit Wasserspülung. So etwas hatte es vorher in Deutschland noch nicht gegeben."

„Doch jetzt lasst uns endlich Schlitten fahren, bevor der ganze Schnee geschmolzen ist!", ruft Bruno. „Ekko, schubs' uns mit deinen Riesenkräften an, damit wir tüchtig in Fahrt kommen."

27

Nassauische Touristikbahn

„Bruno! Marie! Steigt schnell in den Waggon, damit wir nicht ohne euch los fahren!", ruft Ekko. Sie überlegen nicht lange und rennen in Richtung des Zuges, den sie gerade noch rechtzeitig erreichen. Die Lok stößt bereits dichte Rauchwolken aus. „Das war aber verdammt knapp", sagt Ekko, denn der Zugschaffner auf dem Bahnsteig in Dotzheim pfeift zur Abfahrt. Beide lachen: „Ja, es ist gerade noch einmal gut gegangen!" Langsam setzt sich der Zug in Bewegung. „Wisst ihr eigentlich, dass wir mit einer echten Dampflokomotive fahren?", fragt Ekko. „Das sind Lokomotiven, die mit Kohle geheizt werden. Eisenbahnfreunde haben die bis zu hundert Jahre alten Waggons liebevoll wieder hergerichtet. Die Zugstrecke der Aartalbahn ist knapp 24 km lang und zählt zu den zehn steilsten Eisenbahnstrecken in Deutschland. Sie ist das längste Kulturdenkmal in Hessen", berichtet Ekko. Mit der Aartalbahn wurde erstmals eine komplette Eisenbahnstrecke mit Bahnhof, Stellwerken und Gleisanlagen unter Denkmalschutz gestellt. Auf einmal sagt Bruno: „Achtung, Ekko, ich glaube, du musst zurück zur Lokomotive, denn gleich geht es mit Volldampf über den Taunuskamm, und wir brauchen deine Riesenkräfte." Die Lokomotive bewältigt aber problemlos den Höhenunterschied von 226 Metern zwischen Dotzheim und Eiserner Hand. Plötzlich ruft Marie: „Plinius, wo willst du denn hin?" Die Kinder laufen ihm nach. Als sie ihn einholen, sehen sie, dass Plinius im Speisewagen nach einem Würstchen schnappt.

Dann gibt es einen Ruck und, schwupp, landet das Würstchen in Plinius' Maul. Der Zug bleibt stehen. Es ist der Bahnhof am Chausseehaus und der erste Halt nach der Abfahrt in Dotzheim. Einige Wanderer mit Rucksäcken steigen aus. Als der Zug sich wieder in Bewegung setzt, geht es langsam ständig bergauf. Die Dampflok durchfährt Tunnel und viele enge Kurven. Der nächste Halt ist der Bahnhof „Eiserne Hand". „Dieser Bahnhof liegt auf einer Höhe von 421 Metern. Damit ist er der am höchsten gelegene Bahnhof im Taunus", erfahren sie vom Zugschaffner. Bruno fragt: „Müssen wir jetzt aussteigen?" „Nein, wir fahren bis zur Endstelle", antwortet Ekko. Nach der Eisernen Hand geht es nur noch bergab. Die Lok wird immer schneller. Marie, Bruno und Plinius halten ihre Köpfe aus dem Fenster und bekommen den Fahrtwind zu spüren. Die Bäume rechts und links der Fahrtstrecke sind zum Greifen nah. Sie atmen den schwarzen Dampf der Lok ein. Ihre Gesichter sind rußgeschwärzt. Bruno und Marie singen ein Lied: „Eine Zugfahrt, die ist lustig, eine Zugfahrt, die ist schön, da kann man tolle Dinge am Wegesrand sehen." Die Zuggäste sind vom Text begeistert und singen alle mit. „Wann sind wir denn da?", ruft Bruno. „Wir fahren doch schon eine Stunde!" „Wir halten noch in Taunusstein und in Bad Schwalbach", erklärt ihnen der freundliche Zugschaffner. „Kurz vor dem Ziel Hohenstein geht es noch einmal durch einen Tunnel." „Das ist richtig unheimlich", finden Marie und Bruno. Erleichtert hören sie plötzlich Ekkos Stimme durch den Lautsprecher: „Nächster Halt - Burg Hohenstein - alles aussteigen! Die Burggeister bitte sitzen bleiben!".

28

Sternwarte

„Ist das eine schöne Nacht. Der Himmel ist ganz klar", sagt Marie. „Deshalb sind wir ja jetzt auch hier. Heute werden wir bestimmt ein paar schöne Sterne zu Gesicht bekommen." Ekko, Bruno, Marie und Plinius sind auf dem Dach der Wiesbadener Sternwarte. Sie stehen vor einem großen Teleskop, mit dem man verschiedene Himmelskörper von ganz nah betrachten kann. „Habt ihr schon mal durch ein Teleskop geschaut?", fragt Ekko. „Nein, noch nie", antworten Marie und Bruno, die beide schon ganz aufgeregt sind. „Dann wird es aber Zeit", sagt Ekko und lässt Marie den Vortritt.

Marie kneift ihr linkes Auge zu und schaut mit dem anderen gespannt durch die Linse. „Oh!", ruft sie, „das ist aber schön. Ich kann den Mond sehen, ganz genau. Sonst sieht der Mond immer so winzig aus, aber jetzt ist er ganz groß und nah." „Lass mich auch mal!". Jetzt stellt sich auch Bruno vor das Teleskop. „Ja, du hast recht!", stellt er fest. „Wartet, ich verstelle das Teleskop jetzt so, dass ihr einen anderen Planeten sehen könnt", meint Ekko. „Hier von der Sternwarte aus kann man nämlich nicht nur die Planeten Mond, Venus und Saturn sehen, sondern auch die Sonne, Kometen, Mondfinsternis und Sterne. „Ich frage mich immer, wie viele Sterne es dort oben wohl geben mag", sagt Bruno. „Wusstet ihr eigentlich, dass es auch einen Stern gibt, der Wisibada heißt?" „Nein, das ist ja lustig", lacht Marie. Ekko erzählt: „Ein Sternenforscher aus Wiesbaden hat ihn mal entdeckt und ihn nach seiner Heimatstadt benannt. Wisibada ist nämlich ein älterer Name für Wiesbaden. Mit dem bloßen Auge kann man ihn aber nicht sehen. Der Stern hat einen Durchmesser von etwa 40 Kilometern und ist etwa 300 Millionen Kilometer von Wiesbaden entfernt. Vielleicht entdeckt ihr ja auch noch einen neuen Stern", ergänzt Ekko und lacht. „Oh, das wäre toll. Könnten wir ihm dann auch einen eigenen Namen geben?". „Ja, natürlich könntet ihr das. Wenn ihr glaubt, dass ihr einen neuen Stern entdeckt habt, müsst ihr ihn mit den genauen Orts- und Zeitangaben melden. Dann wird überprüft, ob euer Stern denn wirklich noch nicht gemeldet wurde. Wenn sie feststellen, dass euer Stern tatsächlich noch unentdeckt ist, dann könnt ihr ihm auch einen Namen geben, weil ihr ihn ja schließlich vor allen anderen gesehen habt", erklärt Ekko. „Kommt es denn oft vor, dass Menschen noch neue Sterne entdecken?", fragt Marie. „Leider nicht", antwortet Ekko.

Er hat das Teleskop umgestellt und lässt Marie und Bruno hindurch sehen. „Das ist der Saturn", sagt Ekko stolz. „Der sieht aber seltsam aus mit diesen Kreisen drum herum", findet Marie. „Übrigens, hier in der Sternwarte kann man auch Vorträge besuchen: z. B. über die Sonne und den Mars und viele andere interessante Themen." „Also, ich möchte mir lieber noch mehr Sterne anschauen", ruft Marie, „Wer weiß, es kann doch sein, dass wir doch noch unseren ganz eigenen Stern finden".

29

Wiesbaden Stiftung

Marie, Bruno, Riese Ekko und Plinius sind am Ende ihrer Entdeckungsreise durch Wiesbaden angekommen. Die letzte Station ist eines der prächtigsten Gebäude der Stadt, das Erbprinzenpalais in der Wilhelmstraße.

Unter einem Palais versteht man ein schlossartiges Gebäude. Das Erbprinzenpalais mit seiner schönen Fassade beherbergt heute die Industrie- und Handelskammer. Die IHK ist eine Einrichtung der Wirtschaft, die fast 40.000 Betriebe in der Region Wiesbaden vertritt und berät.

In den Jahren 1813-1820 wurde das Palais vom bedeutendsten Stadtarchitekten Wiesbadens, Christian Zais, erbaut. Erbprinz Wilhelm von Nassau, für den das Palais eigentlich bestimmt war, wurde 1816, nach dem Tod seines Vaters, Landesherr. Der Erbprinz zog daher ins Biebricher Schloss. Das Erbprinzenpalais beherbergte unter anderem die Nassauische Landesbibliothek, das Museum für Naturkunde sowie das hessische Justizministerium.

„Aber was bedeuten denn die drei Statuen vor dem Eingang des Palais?", fragen Marie und Bruno. Sie überqueren die Wilhelmstraße und betrachten die drei Statuen etwas genauer. Auf dem einen Sockel steht ein Leseritter, auf dem anderen der Leonardo und auf dem dritten der Riese Ekko. „Ich, auf einem Denkmal!", ruft Ekko außer sich vor Freude. Beim Betreten des Gebäudes erfahren die drei „Kleinen Heimatforscher", dass die drei Statuen von der Wiesbaden Stiftung stammen. „Was ist denn die Wiesbaden Stiftung?", wollen Marie und Bruno wissen.

Ekko weiß die Antwort: „Eine Stiftung unterstützt Bürger und Initiativen, die sich z.B. für andere Menschen und für ihre Stadt engagieren und in Projekten unterstützen. Die Wiesbaden Stiftung wurde 2003 als Bürgerstiftung auf Initiative von Thomas Michel und 21 Gründungsstiftern ins Leben gerufen. Das größte Projekt ist der Leonardo Schul-Award. Dabei haben Wiesbadener Schüler die Gelegenheit, ihre Projektideen umzusetzen. Der Leonardo Schul-Award ist nach dem genialen Künstler und Wissenschaftler Leonardo da Vinci benannt. Das berühmteste Bild der Welt, die „Mona Lisa" hat er gemalt. Die Preisträger werden in einer großen Gala im Kurhaus geehrt. Ebenfalls ein junges Projekt der Wiesbaden Stiftung ist die Aktion Leseritter, bei der Schüler ab Klasse 3 bis Klasse 10 auf spielerische Weise ihre Vorlesefähigkeiten verbessern lernen. Unterstützt werden sie dabei von der Wiesbadener Schule für Schauspiel, die ihnen die Grundlagen für gutes Lesen und Vorlesen vermittelt. Die jungen Leseritter werden mit einem Ritterschlag im Rathaus geehrt. Sie können dann in Kindergärten, Schulen und Altenheimen aus dem neuen Heimatkundebuch vorlesen und das Wissen über die eigene Stadt weiter verbreiten."

„Und was hat die Bürgerstiftung mit dem Erbprinzenpalais zu tun?", fragt Marie neugierig. „Hier hat die Wiesbaden Stiftung ihre Büro- und Arbeitsräume. Hier werden Pläne geschmiedet, Ideen gesammelt und neue Projekte der Bürger umgesetzt. Mit dem Leonardo Schul-Award und dem Projekt Leseritter macht das die Wiesbaden Stiftung schon heute."

30

Mein persönlicher Lieblingsplatz

Im Wiesbadener Bilderbogen haben wir dir einige der schönsten Plätze und Orte vorgestellt. Jetzt bis du an der Reihe, dem Riesen Ekko deinen persönlichen Lieblingsplatz zu verraten und zu zeichnen.

31

Kennst du deine Stadt?

Stadtteilwappen

M **z** - Ka **st** **e** l

S **o** nne **n** **b** **e** **r** **g**

A **u** **r** **i** **n** **g** **e** n

Ra **m** **b** a **c** h

E **r** b **e** **n** he im

No **r** de **u** **s** **t** **a** dt

K **l** op **p** e **n** he **i** m

N **a** **u** ro **d**

Br **e** c k **e** **n** he **i** m

D **e** **l** ke **n** he **e** im

I **g** **s** **t** **a** **d** t

Bi **e** r **s** **t** **a** **d** t

MZ-A _m_ _ öne _b_ _a_ rg   He _s_ _s_ _l_ _o_ _c_ h   Kl _a_ _r_ _e_ _n_ _t_ h _a_ _l_

F _r_ _a_ ue _n_ _s_ t _e_ in   M _e_ _d_ enba _c_ h   B _i_ eb _r_ _i_ c _h_

 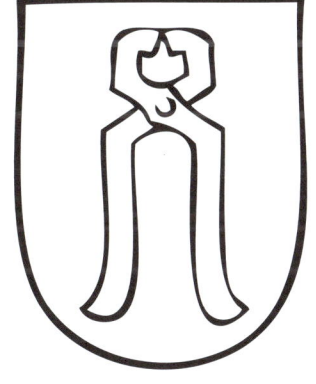 

D _o_ _t_ _z_ _h_ ei _m_   MZ-K _o_ _s_ _t_ _h_ _e_ _i_ m   Sc _h_ _i_ er _s_ te _i_ _n_

1 Finde heraus, welche Stadtteile/Ortsbezirke sich hinter den Stadtteilwappen verbergen. Die Karte von Seite 18 hilft dir dabei.

2 Erkundige dich bei deinem Heimatverein oder in der Ortsverwaltung nach der Bedeutung des Wappens.

3 Male das Wappen deines Stadtteils aus.

Kreuzworträtsel

Durch dieses Kreuzworträtsel sollst du dein Wissen über deine Heimatstadt Wiesbaden überprüfen. Wenn du die Texte aus dem Wiesbadener Bilderbogen sorgfältig studiert hast, wird dir das nicht schwer fallen. Löse die Fragen 1 – 27 und trage die Antworten in die dafür vorgesehenen Kästchen ein. In der markierten senkrechten Spalte erhältst du bei richtiger Beantwortung das gesuchte Lösungswort.

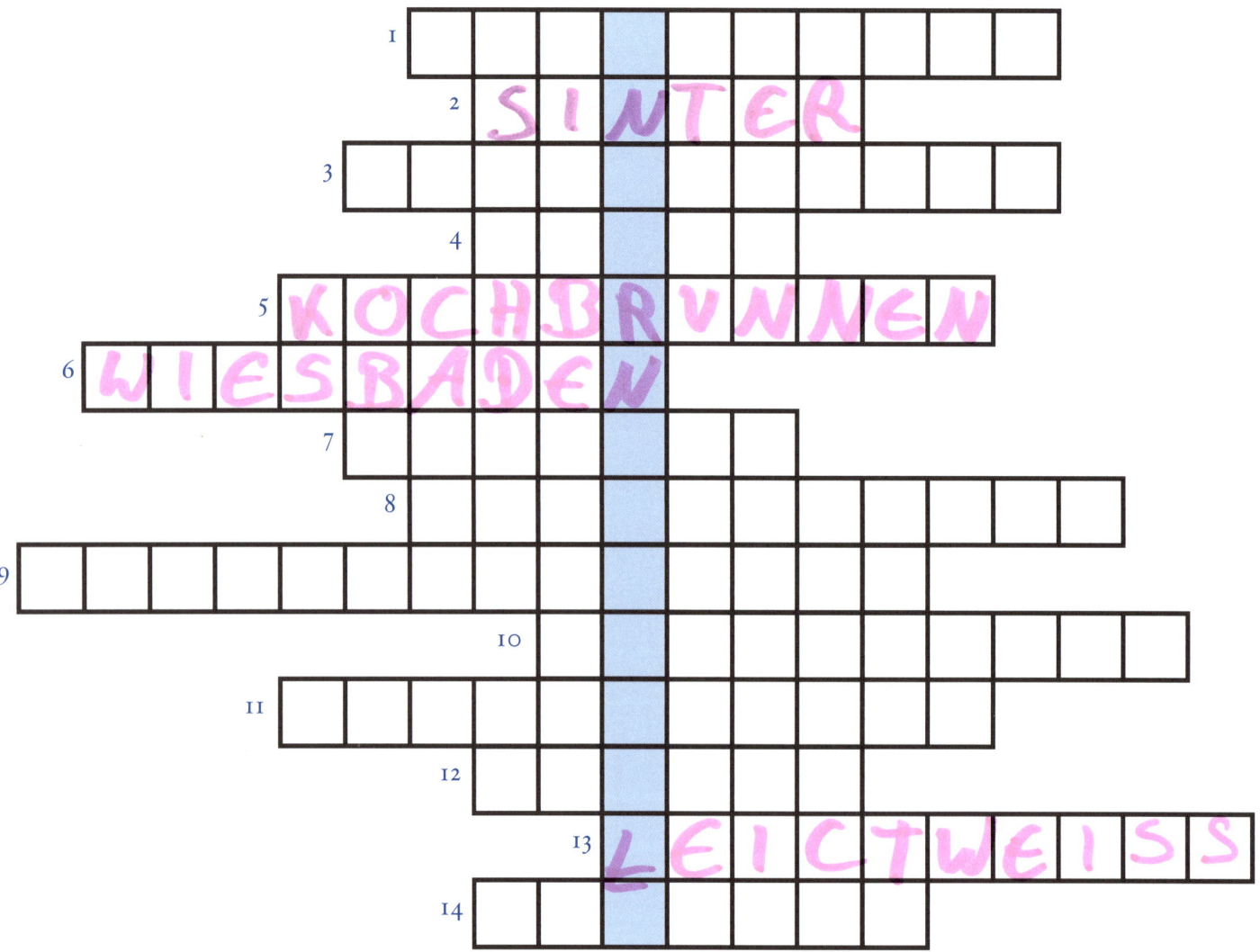

1 Die Kirche trägt den Namen eines berühmten Apostels u. Heiligen
2 Rötliche Ablagerung am Kochbrunnen
3 Ev. Kirche am Schlossplatz
4 Fluss, der Wiesbaden von Mainz trennt
5 Heißester Brunnen in Hessen
6 Landeshauptstadt von Hessen
7 Arbeitsplatz des Oberbürgermeisters
8 Russischer Dichter, der sein Vermögen in der Spielbank verlor

9 Inschrift im Giebel des Wiesbadener Kurhauses
10 Stadtteil von Wiesbaden, der nach einer Burg benannt ist
11 Kirschen und Wein kommen aus ...
12 Wiesbadener Jagdschloss
13 Bekannte Höhle im Nerotal
14 Machte Wiesbaden berühmt

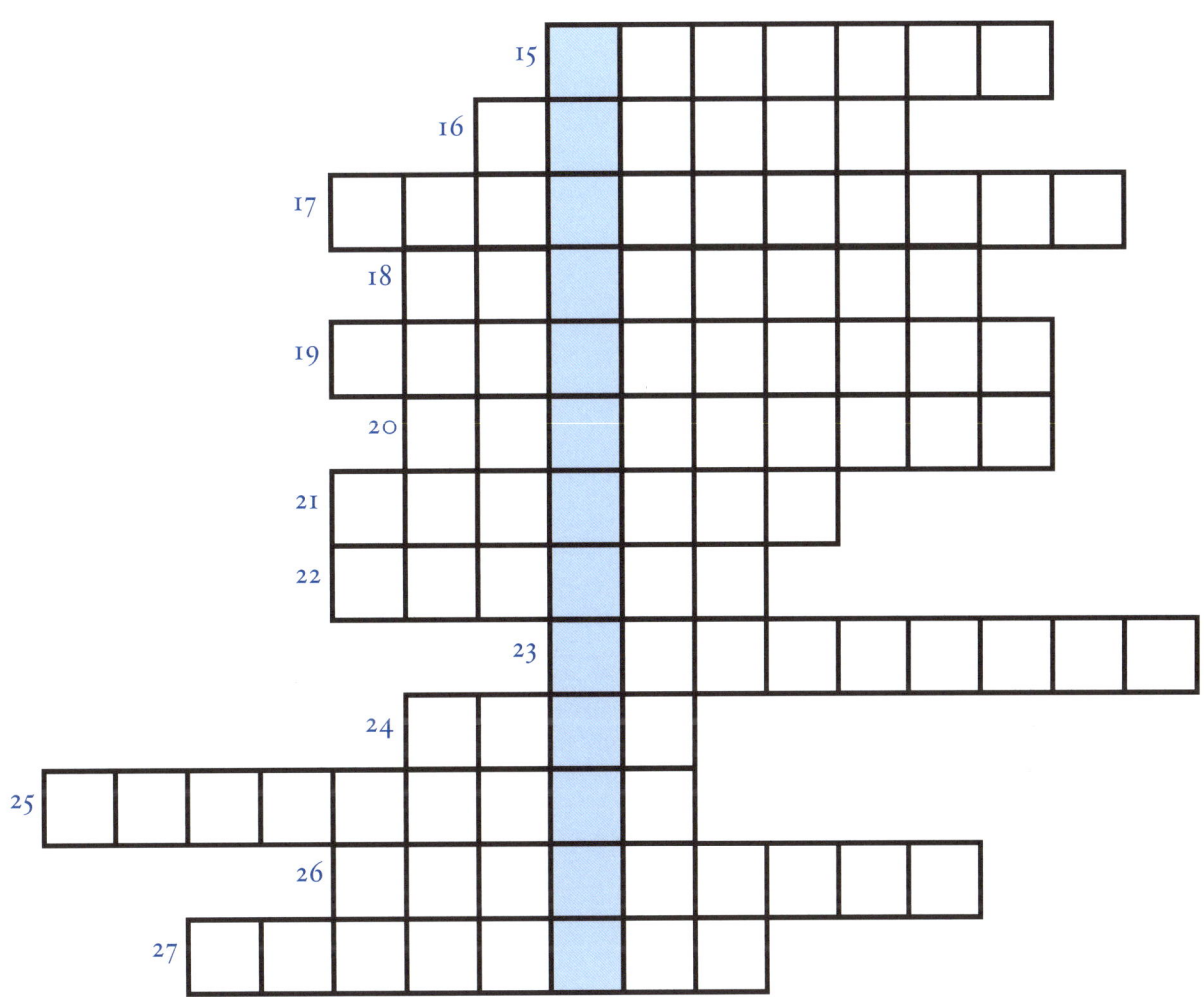

15 Künstliche Ruine im Biebricher Schlosspark
16 Schützt Wiesbaden vor kalten Winden
17 Stadtteil mit vielen Störchen
18 Architekt der Russischen Kirche
19 Römisches Prunktor in Mainz-Kastel
20 Beliebter Tier- und Pflanzenpark
21 Ehemaliges Stadttor mit Sturm- und Feuerglocke

22 Herzogtum vor über 200 Jahren
23 Exotische Vögel im Kur- und Schlosspark
24 Bekannter Baumeister in Wiesbaden
25 Germanischer Volksstamm
26 Berühmter russischer Maler, der in Wiesbaden begraben ist
27 Beliebter Hausberg über der Stadt

Fassadenpuzzle

Wiesbaden ist bekannt für seine Baumeister. Wir verdanken den Architekten die zahlreichen und wunderbaren Villen im Wiesbadener Stadtgebiet. Leider sind einem der Architekten die Baupläne zweier stattlicher Villen aus der Victoriastraße und der Wilhelmstraße durcheinander geraten.

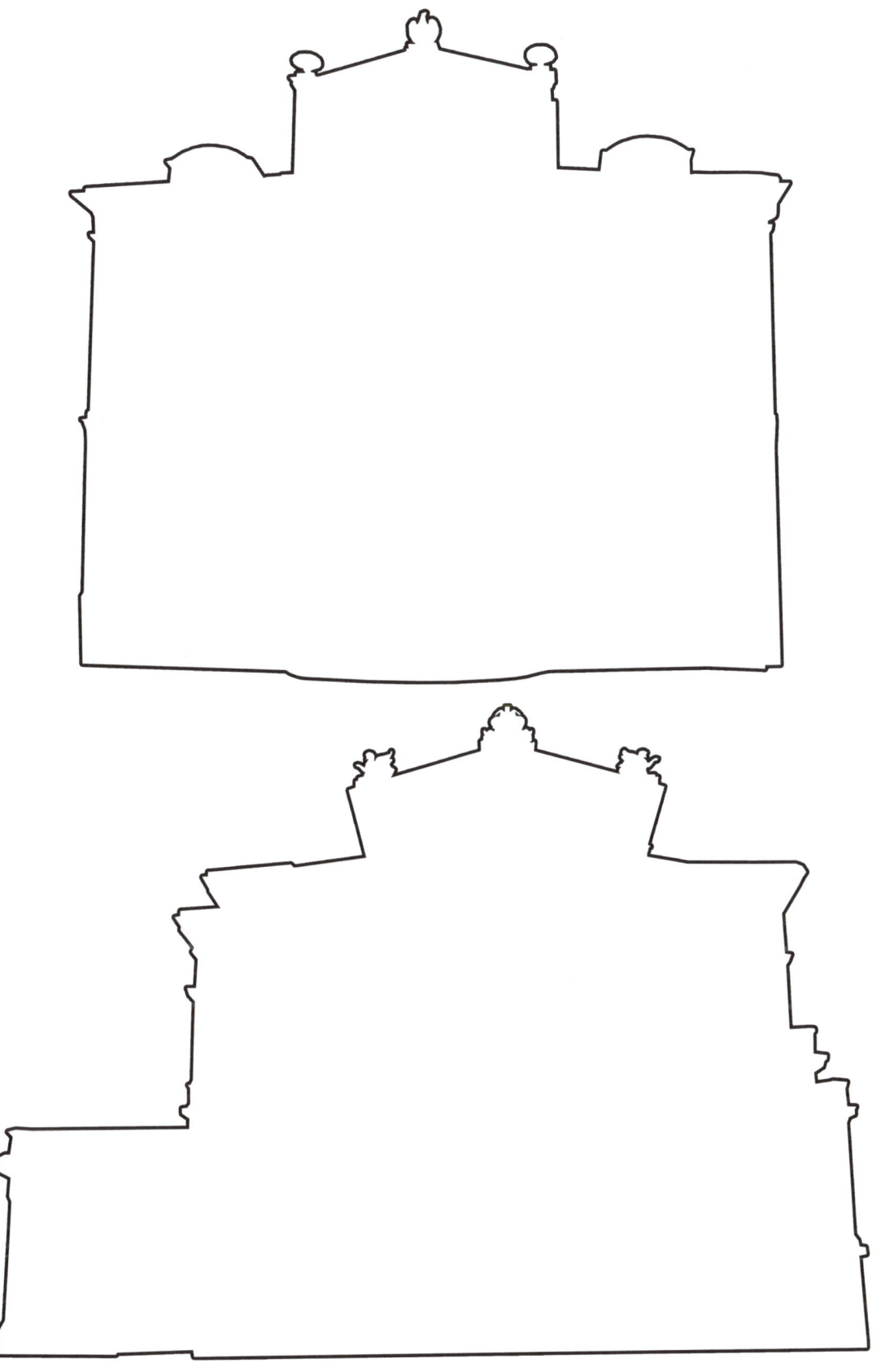

1 Versetze dich in die Rolle dieses Architekten und versuche die einzelnen Fassadenteile der beiden Villen zu rekonstruieren. Gehe ins Internet auf die Seite www.ekkoverlag.de/puzzle. Drucke die Seite Fassadenpuzzle aus und schneide die Puzzleteile möglichst sorgfältig aus. Klebe sie in die beiden Villenumrisse ein.

Stadtteilpuzzle Wiesbaden

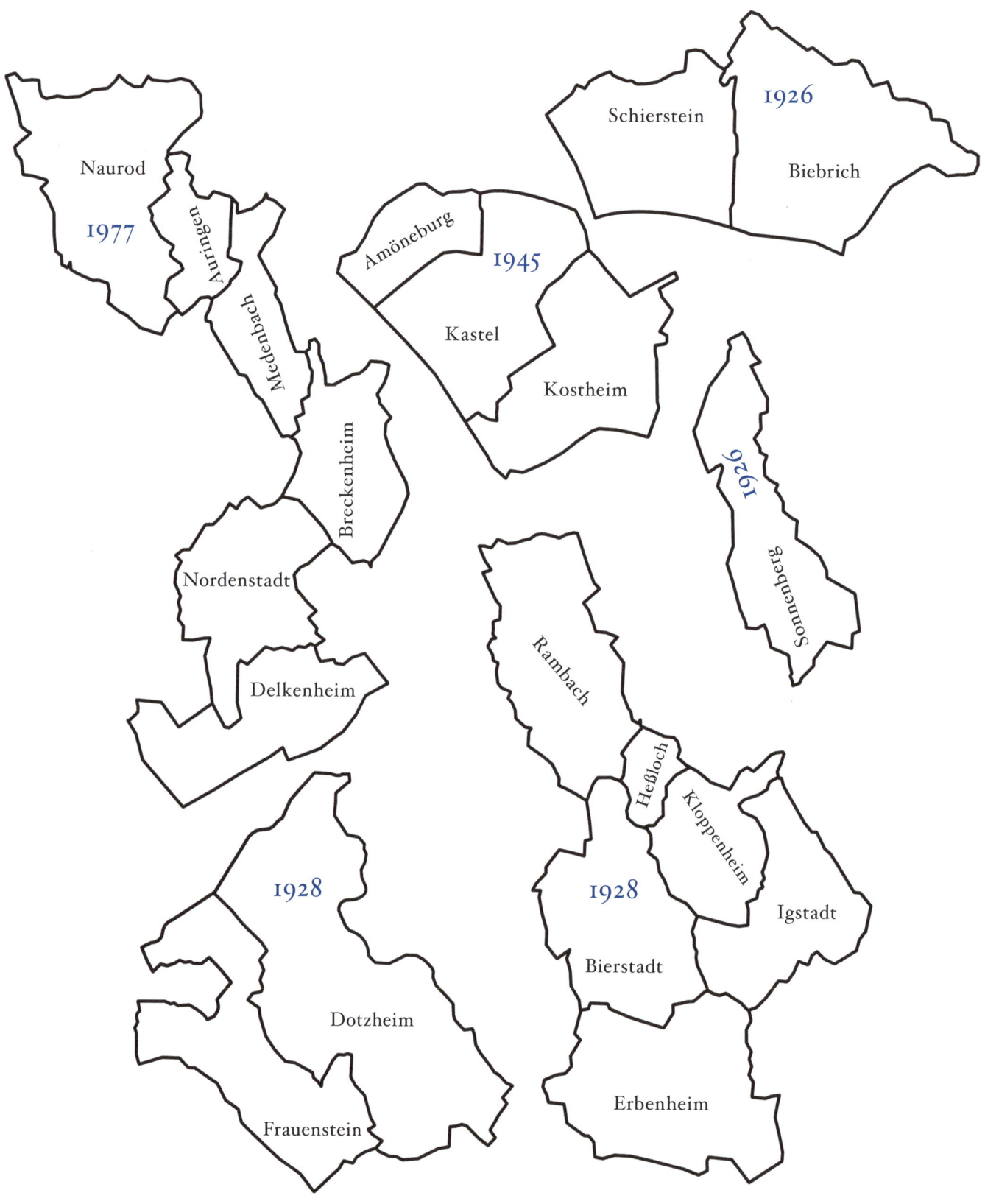

Naurod

1977

Auringen

Medenbach

Schierstein

1926

Biebrich

Amöneburg

1945

Kastel

Kostheim

Breckenheim

1926

Sonnenberg

Nordenstadt

Delkenheim

Rambach

Heßloch

Kloppenheim

Igstadt

1928

1928

Dotzheim

Bierstadt

Frauenstein

Erbenheim

Klarenthal

Alt-Wiesbaden

Bis vor 150 Jahren war Wiesbaden auf das Gebiet der heutigen Innenstadt begrenzt. Vor der Stadt lagen viele kleine Dörfer. Als sich Wiesbaden immer mehr ausdehnte, wurden sie Teil der Großstadt Wiesbaden. Sie wurden „eingemeindet". Durch die Eingemeindungen hat sich das Stadtgebiet von Wiesbaden ständig vergrößert.

Du kannst das Wachsen der Stadt nachvollziehen, indem du die einzelnen Puzzleteile nach dem Jahr ihrer Eingemeindung in der Umrisskarte zusammensetzt. Gehe dazu ins Internet auf die Seite www.ekkoverlag.de/puzzle. Drucke die Seite Stadtteilpuzzle aus und schneide die einzelnen Puzzleteile möglichst genau aus. Anschließend klebst du sie in die Umrisskarte in der richtigen zeitlichen Reihenfolge ein. Siehe dazu Seite 18.

Wiesbaden aus der Luft

Ordne auf dem Schrägluftbild vom
8. Mai 2011 die Zahlen richtig zu:

Kurhaus	1
Theater	2
Luisenplatz	3
Neues Rathaus	4
Landtag	5
Stadtschloss	6
Landesbiblithek	7
Bonifatiuskirche	8
Marktkirche	9
Kochbrunnen	10

*Nur der kennt seine
Heimat wirklich, der sie auch
mal von oben gesehen hat.*

Bilderrätsel

Marie hat Wiesbadener Sehenswürdigkeiten fotografiert.
Es fehlen noch die Bildunterschriften. Ordne richtig zu:

Altes Rathaus
Biebricher Schloss
Freudenberger Schloss
Jagdschloss Platte
Kochbrunnen

Kochbrunnenspringer
Luisenplatz
Marktkirche
Nerobergbahn
Nerobergtempel

Neues Rathaus
Staatskanzlei
Staatstheater
Stadtschloss

Kochbrunne

Koch brunnen (sprnger)

Stadtrallye durch das Historische Fünfeck

Station 1:
Museum

Vor dem Eingang des Museums steht das 1919 aufgestellte Goethe-Denkmal. Goethe hatte bei seinen Aufenthalten 1814/1815 auf die Gründung eines Museums gedrängt. Das Goethe-Denkmal zeigt den Dichter

a ☐   mit Adler
b ☐   mit Buch
c ☐   mit Hut

Station 2:
Landesbibliothekek

Im Jahre 1913 wurde die heutige Hessische Landesbibliothek gebaut. Die Skulptur vor dem Eingang zeigt Johannes Gutenberg. In der Hand hält er

a ☐   einen Buchstaben
b ☐   einen Federkiel
c ☐   ein Buch

Station 3:
Luisenplatz

Neben dem Obelisken in der Platzmitte gibt es ein zweites Denkmal. Es ist den Gefallenen des 1. Nassauer Feldartillerie-Regiments Nr.27 Oranien im Ersten Weltkrieg gewidmet. Auf dem Sockel steht

a ☐   ein Pferd
b ☐   eine Kanone
c ☐   ein Soldat

Station 4:
Marktbrunnen

Der Marktbrunnen ist eines der ältesten Bauwerke in Wiesbaden und stammt aus dem Jahre 1753. Den Brunnen ziert der nassauische Löwe mit Wappenschild. In seinen Pranken hält er

a ☐   ein Zepter
b ☐   eine Krone
c ☐   eine Fahne

Station 5:
Stadtschloss

Mit dem Bau des Stadtschlosses wurde 1837 begonnen. Über dem Eingang mit Balkon und Balustrade und zwischen zwei Fenstern sieht man das Staatswappen des ehemaligen Herzogtums Nassau. Es zeigt

a ☐   zwei Adler
b ☐   zwei Löwen
c ☐   zwei Engel

Station 6:
Rathaus

Im Foyer des Rathauses steht die Büste einer bekannten Persönlichkeit, die sich große Verdienste durch Reformen in Stadt und Gemeinde erworben hat. Sie zeigt

a ☐   den Oberbürgermeister
b ☐   Helmut Schön
c ☐   Freiherr vom Stein

Station 7:
Marktkirche

Vor der Marktkirche steht das Bronzestandbild des Wilhelm von Oranien, Graf von Nassau (1533-1584), genannt der „Schweiger". Wilhelm trägt

a ☐   eine Jeans
b ☐   eine Lederhose
c ☐   einen gerafften Wams

Station 8:
Warmer Damm

Am Warmen Damm (nahe dem Entenweiher) steht das Denkmal für Kaiser Wilhelm I. (1797-1888). Er förderte die Entwicklung zur Weltkurstadt. Der Kaiser trägt

a ☐   Bart
b ☐   Helm
c ☐   Krone

Station 9:
Theater

Vor der Südfassade des Staatstheaters steht seit 1905 das Schiller-Denkmal aus Carrara-Marmor, obwohl der Dichterfürst Wiesbaden nie besucht hat. Es zeigt den Freiheitsdichter

a ☐   mit Maske
b ☐   mit Lorbeerkranz
c ☐   mit Buch

Station 10:
Kurhaus

Zwischen der Inschrift „Aquis Mattiacis" über dem Eingangsportal aus Sandstein und der Glaskuppel ziert ein Wappen des 1904 erbauten Kurhauses. Das Wappen zeigt

a ☐   drei Rosen
b ☐   drei Lilien
c ☐   drei Ähren

Station 11:
Pressehaus

Auf dem Giebel des 1908/1909 eröffneten Pressehauses (heute Kurier und Tagblatt) in der Langgasse steht ein Mann aus Bronze. Die Figur versinnbildlicht das „Wissen". In der Hand hält der Mann aus Bronze

a ☐   eine Zeitung
b ☐   ein Buch
c ☐   einen Globus

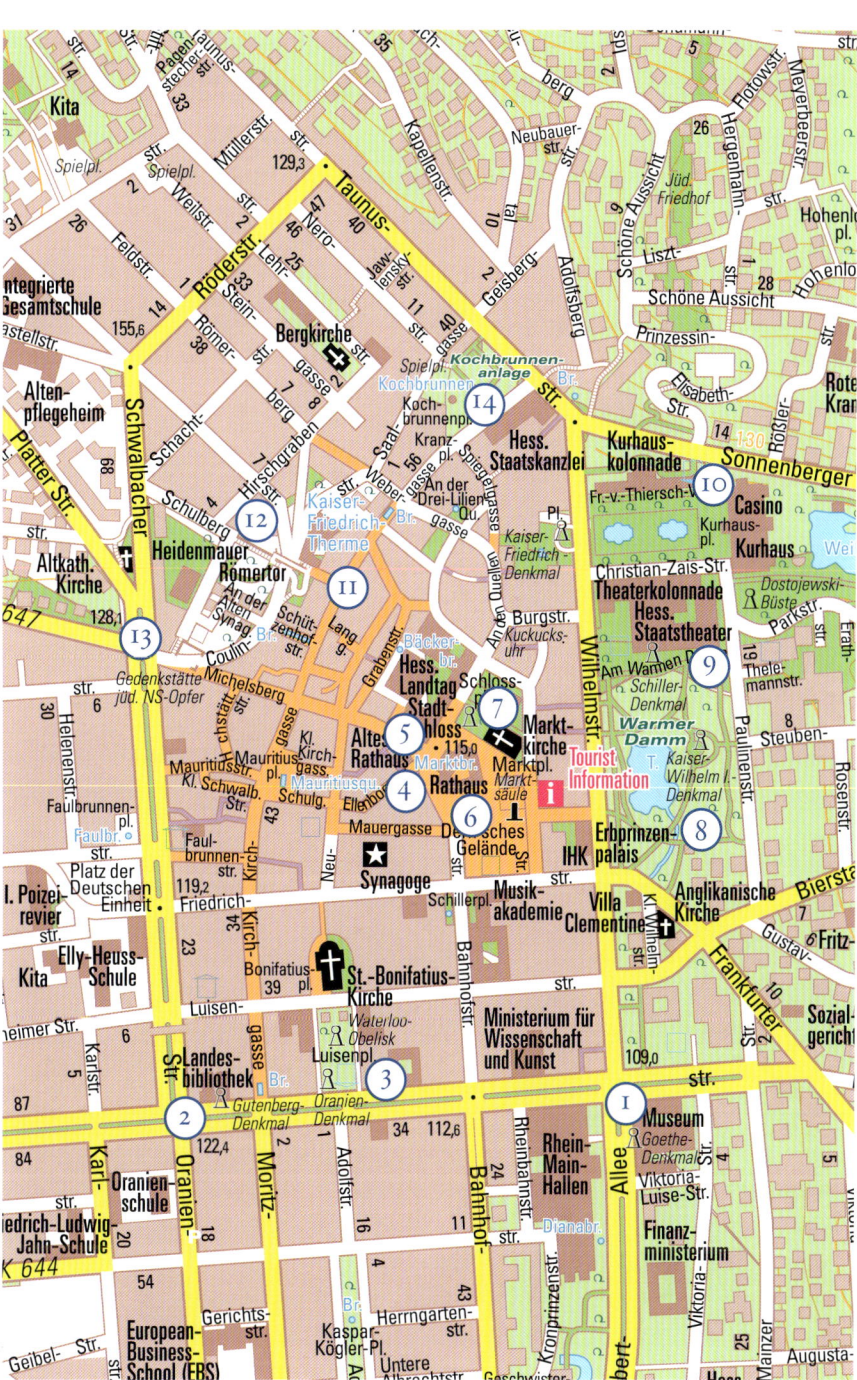

Station 12:
Römertor

Im römischen Freilichtmuseum am Römertor befindet sich das älteste Bauwerk Wiesbadens. Es wurde unter Kaiser Valentinian zwischen 364 und 373 n. Chr. erbaut. Es handelt sich um

a ☐   einen Tempel
b ☐   einen Ehrenbogen
c ☐   die Heidenmauer

Station 13:
Michelsberg

Der Michelsberg 17 ist ein ganz besonderer Ort. Hier stand bis zum 10. November 1938 ein Gebäude, das von den Nationalsozialisten angezündet und zerstört wurde. Es handelte sich um

a ☐   eine Kapelle
b ☐   eine Kirche
c ☐   eine Synagoge

Station 14:
Kochbrunnenspringer

Am Kranzplatz befindet sich der Kochbrunnenspringer. Er wurde 1970 vom Stadtplaner Edgar Heydock entworfen. Eine Hinweistafel gibt Auskunft woraus der Kochbrunnenspringer besteht

a ☐   Granit
b ☐   Basalt
c ☐   Quarzit

Original & Fälschung

Hier ist zweimal der Uhrturm abgebildet. Das Foto wurde um 1870 aufgenommen. Das linke Bild ist das Original. Das rechte ist die Fälschung, in der fünf Fehler versteckt sind. Findest du sie?

Wiesbaden Quiz

Einwohnerzahl Wiesbadens?

- ☐ 300.000
- ☐ 70.000
- ☒ 279.000
- ☐ 170.000

Anzahl der heißen Quellen?

- ☒ 26
- ☐ 22
- ☐ 15
- ☐ 3

Landeshauptstadt von Hessen?

- ☐ Frankfurt am Main
- ☐ Kassel
- ☐ Darmstadt
- ☒ Wiesbaden

Temperatur der heißesten Quelle?

- ☐ 10 °C
- ☐ 97 °C
- ☐ 30 °C
- ☒ 67 °C

Welcher Dichter hat Wiesbaden nie besucht?

- ☐ Goethe
- ☒ Schiller
- ☐ Freytag
- ☐ Dostojewski

Fundstelle eiszeitlicher Tiere?

- ☐ Taunusgebirge
- ☐ Goldsteintal
- ☒ Mosbach Sande
- ☐ Dernsches Gelände

Die Sage von Wiesbaden?

- ☐ Adolph von Nassau
- ☒ Riese Ekko
- ☐ Ritter Kunibert
- ☐ Räuber Leichtweiß

Stadtwappen von Wiesbaden?

- ☐ Reichsapfel
- ☐ Muschel
- ☒ Drei Lilien
- ☐ Sonne

Der Oberbürgermeister arbeitet im

- ☐ Alten Rathaus
- ☐ Biebricher Schloss
- ☐ Landtag
- ☒ Neuen Rathaus

Inschrift im Kurhausgiebel?

- ☐ Wenn alle Bächlein fließen
- ☐ Tröpfchen auf Tröpfchen
- ☒ Bei den Wassern der Mattiaker
- ☐ Wasser für alle

Welcher Kaiser weilte oft zur Kur in Wiesbaden?

- ☐ Kaiser Karl V.
- ☐ Kaiser Franz Josef
- ☒ Kaiser Wilhelm II
- ☐ Kaiser von China

Keine Weinbaugemeinde ist?

- [ ] Schierstein
- [x] Dotzheim
- [ ] Erbenheim
- [ ] Frauenstein

Wer wählt den Oberbürgermeister?

- [x] Bürgerinnen und Bürger
- [ ] Magistrat
- [ ] Stadtverordnete
- [ ] Landtag

In Wiesbaden residierten?

- [ ] Nassauer
- [ ] Vogelsberger
- [ ] Rheingauer
- [ ] Offenbacher

Briefmarkenmotive von Wiesbaden sind?

- [ ] Kurhaus
- [ ] Biebricher Schloss
- [ ] Russische Kirche
- [ ] Stadtschloss / Landtag

Welche Mannschaft spielt in der Brita-Arena?

- [ ] 1. FSV Mainz 05
- [ ] SV Wehen Wiesbaden
- [ ] Gräselberg
- [ ] Türkischer SV

Wappentier des Nassauischen Vereins für Naturkunde?

- [ ] Moschusochse
- [ ] Dinotherium
- [ ] Mammut
- [ ] Wollnashorn

Keine Partnerstadt Wiesbadens ist?

- [ ] San Sebastian
- [ ] Klagenfurt
- [ ] Görlitz
- [x] Pisa

Wiesbadens höchster Hausberg?

- [ ] Platte
- [ ] Neroberg
- [ ] Schläferskopf
- [ ] Hohe Wurzel

Die heißeste Quelle Wiesbadens?

- [x] Kochbrunnen
- [ ] Faulbrunnen
- [ ] Bäckerbrunnen
- [ ] Adlerquelle

Berühmte Gäste der Stadt tragen sich ins

- [ ] Logbuch
- [x] Stammbuch
- [ ] Telefonbuch
- [ ] Goldene Buch

Häufigste Baumart in Wiesbaden?

- [ ] Eiche
- [ ] Buche
- [ ] Fichte
- [ ] Kiefer

Welches Stadtviertel gehört nicht zu den Großwohnsiedlungen?

- ☐ Klarenthal
- ☐ Bergkirchenviertel
- ☐ Schelmengraben
- ☐ Wolfsfeld

Die Stadtverordnetenversammlung wählt?

- ☐ Magistrat
- ☐ Oberbürgermeister
- ☐ Ausländerbeirat
- ☐ Ortsbeirat

Welche Vororte wurden zuerst nach Wiesbaden eingemeindet?

- ☐ Biebrich und Schierstein
- ☐ Bierstadt und Rambach
- ☐ Delkenheim und Auringen
- ☐ Frauenstein und Dotzheim

Wann wurde Wiesbaden Landeshauptstadt von Hessen?

- ☐ 1887
- ☐ 1919
- ☐ 1945
- ☐ 1950

Wie viele Liter Wasser liefert der Kochbrunnen täglich?

- ☐ 500 Liter
- ☐ 5.000 Liter
- ☐ 50.000 Liter
- ☒ 500.000 Liter

Welcher Stoff befindet sich nicht im Wiesbadener Thermalwasser?

- ☒ Natrium-Chlorid
- ☐ Calcium
- ☐ Magnesium
- ☐ Plutonium

Woher kommt Wiesbadens Trinkwasser?

- ☐ Vogelsberg und Hunsrück
- ☐ Rhein, Ried, Taunus
- ☐ Main und Wisper
- ☐ Edersee

In welcher Branche arbeiten die meisten Berufstätigen?

- ☐ Weinbau
- ☐ Industrie
- ☐ Dienstleistungsgewerbe
- ☐ Landwirtschaft

Berufstätige, die zur Arbeit nach Wiesbaden kommen?

- ☐ Ausflügler
- ☐ Pendler
- ☐ Anhalter
- ☐ Radler

Welche Straße liegt nicht im Historischen Fünfeck?

- ☐ Röderstraße
- ☐ Taunusstraße
- ☐ Wilhelmstraße
- ☒ Schiersteiner Straße

WIESBADEN

LÖSUNGEN

EINE ENTDECKUNGSREISE MIT DEM
RIESEN EKKO

Falls du nicht alle Fragen, Aufgaben und Rätsel beantworten konntest, kannst du dir die Lösungen unter www.ekkoverlag.de/loesung herunterladen.

WIESBADENER ENTDECKERPASS

Name:

Vorname:

Dein Foto

Geburtsdatum:

Straße:

Wohnort:

1 Schlossplatz
Rathaus
Landtag

Datum: _____

2 Marktkirche

Datum: _____

3 Uhrturm

Datum: _____

4 Luisenplatz

Datum: _____

5 Museum

Datum: _____

6 Villa Clementine

Datum: _____

7-8 Kurhaus
Kurpark

Datum: _____

9 Kuckucksuhr

Datum: _____

10 Heidenmauer
Römertor

Datum: _____

11 Kochbrunnen

Datum: 7.6.2018

12 Kaiser-Friedrich-Bad

Datum: _____

13 Neroberg
Nerobergbahn

Datum: _____

14 Russische Kirche

Datum: _____

15 Leichtweißhöhle

Datum: _____

16 Burg Sonnenberg

Datum: _____

17 Apothekergarten

Datum: _____

18 Domäne Mechthildshausen

Datum: _____

19 Römischer Ehrenbogen

Datum: _____

20 Mosbach Sande

Datum: _____

21 Biebricher Schloss

Datum: _____

22 Ausflug auf dem Rhein

Datum: _____

23 Schiersteiner Hafen

Datum: _____

24 Burg Frauenstein

Datum: _____

25 Schloss Freudenberg

Datum: _____

26 Fasanerie Datum: _____	**27** Jagdschloss Platte Datum: _____
28 Nassauische Touristikbahn Datum: _____	**29** Sternwarte Datum: _____
30 Schläferskopf Datum: _____	**31** Kellerskopf Datum: _____
32 Mainz Naturhistorisches Museum Datum: _____	**33** Mainz Gutenbergmuseum Datum: _____

Wanderknigge

- Informiere dich gründlich über dein Wander- und Reiseziel. Nimm dir Zeit! Wandere mit „offenen Augen" durch die Landschaft.
- Benutze auf deinen Wanderungen und Fahrten einen Rucksack und keine Plastiktüten. Dosen und Pappbecher bleiben zu Hause.
- Nimm deine Abfälle wieder mit nach Hause.
- Rauchen und Grillen ist im Wald grundsätzlich strengstens verboten.
- Bleibe auf den vorgeschriebenen Wegen.
- Beachte in Naturschutzgebieten die Hinweisschilder. Sie dienen dem Schutz der dort lebenden Pflanzen und Tiere.

URKUNDE

Hiermit bestätigen wir, dass

die Prüfung als „Kleiner Heimatforscher"
der Landeshauptstadt Wiesbaden
mit Erfolg bestanden hat.

Schulstempel

Oberbürgermeister

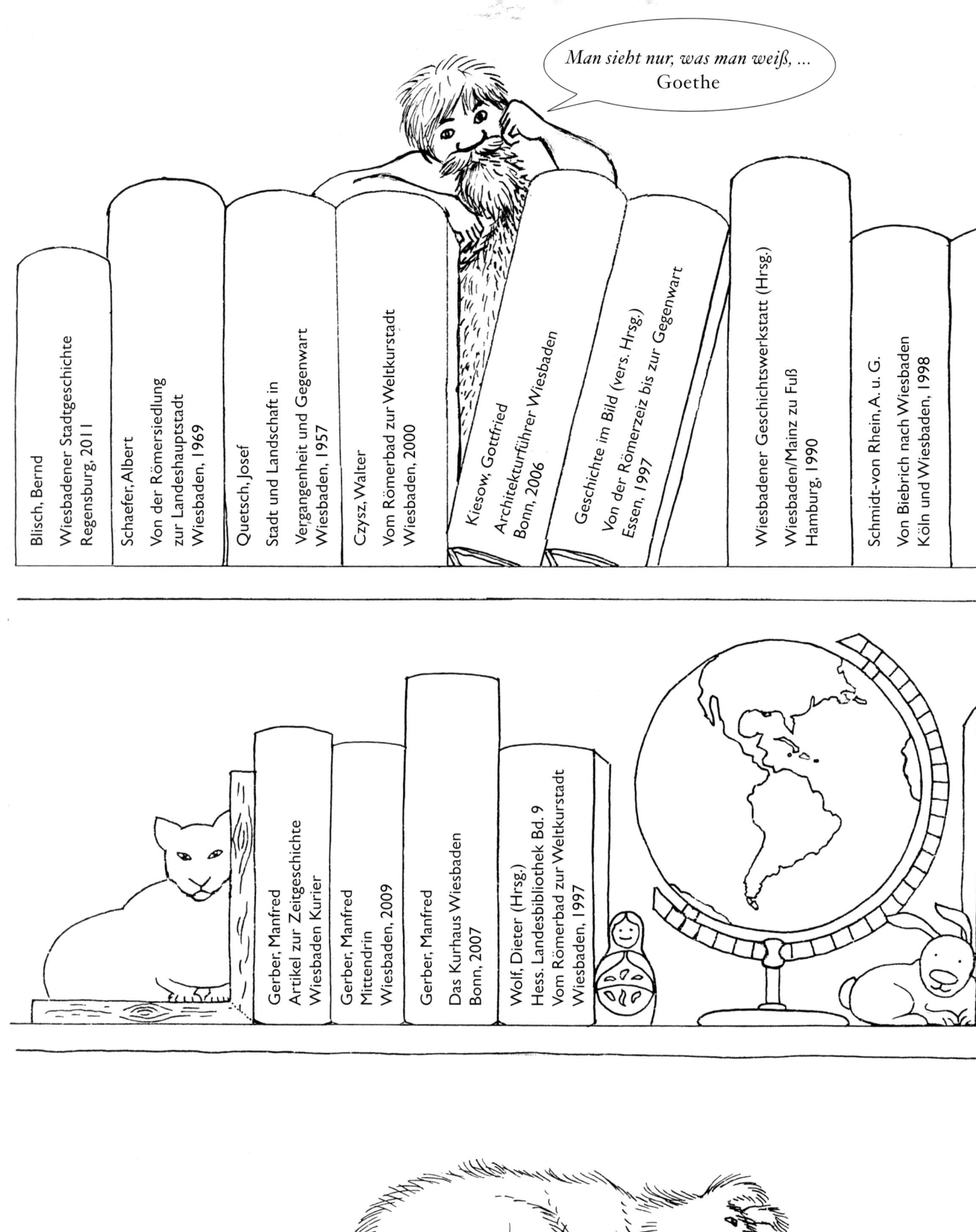

Wiesbadener Bücherschatz

... und behält nur, was man selbst erarbeitet hat.

Dörringer, Wilhelm
Der Kleine Heimatforscher
Wiesbaden, 1977

Honekamp, G. Jung, W., Wunderer, H.
Alltag zwischen Mächtigen und Müßiggängern
Wiesbaden, 1995

Nass. Verein für Naturkunde (Hrsg.)
Streifzüge durch die Natur von Wiesbaden und Umgebung
Wiesbaden, 2004

Heller, Jürgen u. Rau, Karin
Heimat Wiesbaden
Wiesbaden, 1987

Heller, Jürgen
Von der Weltkurstadt zur Landeshauptstadt
In: Frankfurt Beiträge zur Didaktik der Geographie, Bd. 13, Frankfurt, 1993

Honekamp, Gerhard (Hrsg.)
Wiesbaden – Hinterhof und Kurkonzert
Gudensberg, 1996

Schaller, Deflef u. Schreeb, Hans Dieter
Kaiserzeit
Wiesbaden, 2006

Friedrich, Pauly S. und Huber, D.
Wiesbaden – Eine kurze Stadtgeschichte
Erfurt, 2003

Bubner, Berthold
Wiesbaden – Baudenkmäler und Historische Stätten
Wiesbaden, 1993

Aukamm Förderverein (Hrsg.)
Naturerleben in Wiesbaden
Wiesbaden, 2006

Nass. Annalen, Bd. 99
Wiesbaden

Otto E. Fink
Geschichte der Stadt Wiesbaden
Wiesbaden, 1877

Klein, D.
Wiesbaden – Ein Lesebuch
Husum, 1988

Jordan, Jörg
Wiesbaden – Stadtgestalt und Denkmalschutz im Städtebau
Wiesbaden, 1978

Heymach, Ferdinand
Geschichte der Stadt Wiesbaden
Wiesbaden, 1925

Fink, Otto
Wiesbadener Bilder 1866 -1945

Leicher, Günther
Geschichte und Geschichten   Wiesbaden, 1996

Reiß, Thorsten
Rund um Wiesbaden   Wiesbaden, 2001

Materialhinweise

Amtlicher Stadtplan 1: 15 000
Hrsg.: Landeshauptstadt Wiesbaden,
Vermessungsamt Wiesbaden

Digitaler Stadtatlas
Hrsg. Landeshauptstadt Wiesbaden,
Vermessungsamt

Flächennutzungsplan der Landeshauptstadt Wiesbaden
Hrsg. Dezernat für Stadtentwicklung,
Umwelt und Verkehr
Wiesbaden 2004

Landschaftsbild -Teiluntersuchung zum Landschaftsplan der
Landeshauptstadt Wiesbaden
Hrsg. Umweltamt 2004

Stadtteilprofile im Internet
Wiesbaden.de > Leben in Wiesbaden > Stadtteile > Dokumente/
Stadtteilprofile

Stadtplan für Kinder
Hrsg. & Copyright Karthographie/Vermessungsamt
Wiesbaden 2009

Topographische Karte 1:25 000
Blatt 5915 Wiesbaden
Hrsg.: Hessisches hes Landesamt für
Bodenmanagement u. Geoinformationen,
Wiesbaden 2004

Topographische Karte 1:50 000
Blatt L 5914 Wiesbaden
Hrsg: Hessisches Landesamt für
Bodenmanagement und Geoinformationen,
Wiesbaden 2010

Stop-Over Wiesbaden
CBD Spiele
Frankfurt 1991

Wiesbadener Rundreisespiel
H. Schweitzer (Hoflieferant)
Wiesbaden 1896
Deutsches Spiele Museum, Hamburg, 1990

3D City Map 2007 - Wiesbaden Mainz
Hrsg.:magicmaps, Landeshauptstädte Mainz u. Wiesbaden

Bildnachweise

Entsorgungsbetriebe Landeshauptstadt Wiesbaden
ELW 06/2007 Deponie: S. 31
ELW 03/2005 Kanalnetz:S. 30

Heller, Jürgen: S. 13, 15, 25, 26, 27, 28, 30, 31, 34, 35, 40, 45,
46, 122, 123, 151, 152, 153

Heller, Jürgen: S. 22, 24 (Postkarten)

Hessisches Ministerium des Innern und für Sport: S. 31

H. Schweitzer, Wiesbadener Rundreisespiel S. 126, 127

Konrad-Duden-Schule: S. 41

Kur- und Verkehrsverein:
120 Jahre Kur- und Verkehrsverein Wiesbaden
S. 44 (1,4)

Landeshauptstadt Wiesbaden Pressereferat
Das Goldene Buch: S.28

Landesamt für Denkmalpflege und Geologie:
Mitteilungen Nr. 47, Nass. Verein für Naturkunde,
Wiesbaden 2001: S. 38-39

Nassauischer Verein für Naturkunde: S. 34

Nassauische Altertümer: S. 40, WS. 44 (3), S. 128

Naturschutzhaus Wiesbaden, Richard Abt,
Äskulapnatter S. 35

Neddes, M.: Stadtentwicklung und Umweltschutz in
Wiesbaden, Heft 7, 1979, S. 9

Römisch-Germanisches Zentralmuseum Mainz, S. 40

Stadtmuseum Wiesbaden: S.22 (Busmodell))

Stadtarchiv Wiesbaden
Panoramabild Hans Lack o.T., Wiesbaden um 1906-09
aus der Vogelperspektive, o.D.: S. 10-11

Stadtvermessungsamt/Kartografie:
S. 17, 19, 20, 21, 120, 121, 125

Touriseum Landesmuseum für Tourimus , Meran: S.23

Die Angaben und Informationen in diesem Buch sind aktuell recherchiert und vor Drucklegung sorgfältig überprüft worden. Trotzdem
ist darauf hinzuweisen, dass sich Angaben im Lauf der Zeit ändern können.

Praktischer Wegweiser

Wir hoffen, dass dieses Buch neugierig gemacht hat, deine Heimatstadt zu erforschen und zu entdecken. Nicht alle Themen konnten ausführlich behandelt werden. Wir haben dir deshalb einen Wegweiser zusammengestellt, der wichtige Tipps und Anregungen gibt, sich noch ausführlicher über Wiesbaden zu informieren. Zusätzlich findest du eine Auswahl von empfehlenswerten Büchern im Wiesbadener Bücherschatz.

Auskünfte und Adressen

Amt für Grünflächen, Landwirtschaft und Forsten
Gustav-Stresemann-Ring 15
65189 Wiesbaden
Tel.: 0611/312901

Amt für Soziale Arbeit
Abt. Jugendarbeit
Konradinerallee 11
65189 Wiesbaden
Tel.: 0611/312389

Amt für Statistik und Stadtforschung
Wilhelmstr.32
65183 Wiesbaden
Tel.: 0611/312400
wiesbaden.de/statistik

Bürgerbüro Wiesbaden (Luisenforum)
Dotzheimer Str.6-8
65185 Wiesbaden
Tel.: 0611/313344

Geographie für Alle e.V.
Geographisches Institut – Universität Mainz
Becherweg 21
55099 Mainz
Tel.: 06131/3925145
geographie-fuer-alle.de

Hessischer Landtag
Schlossplatz 1-3
65183 Wiesbaden
Besucherdienst
Tel.: 0611/350294
hessischer-landtag.de

Hessisches Landesamt für Umwelt und Geologie
Rheingaustr. 186
65203 Wiesbaden
Tel.: 0611/69390

Hessisches Landesamt für Denkmalpflege
Am Schlosspark/Ostflügel
65203 Wiesbaden
Tel.: 0611/690640

Hessisches Landesamt für Bodenforschung
Leberberg 9
65193 Wiesbaden
Tel.: 0611/537336

Jugendherberge
Blücherstr.66
65195 Wiesbaden
Tel.: 0611/449081

Kurbetriebe Wiesbaden
Kurhausplatz 1
65189 Wiesbaden
Tel.:0611/1729290

Kurhaus Wiesbaden
Kurhausplatz 1
65189 Wiesbaden
Tel.: 0611/1729290
wiesbaden.de/kurhaus

Mattiaqua – Eigenbetrieb für Quellen, Bäder, Freizeit
Gustav-Stresemann-Ring 15
65189 Wiesbaden
Tel.: 0611/318078

Medienzentrum Wiesbaden
Neugasse 15-19
65183 Wiesbaden
Tel.: 0611/1665841
medienzentrum-wiesbaden.de

Nassauischer Verein für Naturkunde
Rheinstr. 10
65185 Wiesbaden
Tel.: 06127/61976
naturkunde-online.de

Rathaus Wiesbaden
Schlossplatz 6
65183 Wiesbaden
Tel.: 0611/31-0
Tel.: 0611/311 Stadtverwaltung

Stadtjugendring Wiesbaden e.V.
Murnaustr. 2
65189 Wiesbaden
0611/300408
sjr-wiesbaden.de

Tourist Information Wiesbaden
Marktplatz 1
65183 Wiesbaden
Tel.: 0611/1729930

Umweltamt
Landeshauptstadt Wiesbaden
Gustav-Stresemann-Ring 15
65189 Wiesbaden
Tel.: 0611/313701

Umweltladen
Luisenstr. 19
65185 Wiesbaden
Tel.: 0611/313600

Verein für Nassauische Altertumskunde und Geschichtsforschung e.V.
Mosbacher Str. 55
65187 Wiesbaden
Tel.: 0611/8810

Volkshochschule Wiesbaden e.V.
Alcide-de-Gasperi-Str. 4/5
65197 Wiesbaden
Tel.: 0611/98890
vhs-wiesbaden.de

Wiesbaden Stiftung
Wilhelmstr. 24-26
65183 Wiesbaden
Tel.: 0611/1666686
die-wiesbaden-stiftung.de

Freunde der Wiesbaden Stiftung
Wilhelmstr. 47
Theaterkolonnade
65183 Wiesbaden
Tel.: 0611/306655

Wiesbadener Musik- und Kunstschule e.V.
Schillerplatz 1-2
65185 Wiesbaden
Tel.: 0611/333022
musik-im-zentrum.de

Verkehr

ESWE Verkehr
Gartenfeldstr. 18
65189 Wiesbaden
Mobilitätszentrale Luisenforum
Dotzheimer Str. 6-8
Fahrplanauskunft:
0611/45022460
eswe-verkehr.de

KD Köln-Düsseldorfer
Deutsche Rheinschifffahrt AG
Rheingaustr. 145
65203 Wiesbaden-Biebrich
Tel.: 0611/600995
kd-rhein-main.de

Nassauische Touristik Bahn e.V.
Moritz-Hilf-Platz 2
Bahnhof Dotzheim
65199 Wiesbaden
Tel.: 0611/1843330

THermine - die kleine Stadtbahn
Fritz-Haber-Str.7
65203 Wiesbaden
Tel.: 0611/58939464
thermine.de

Nerobergbahn
Wilhelminenstr. 51
65193 Wiesbaden
Tel.: 0611/2368500

Fähre Tamara
Lippestr.2
65201 Wiesbaden
Tel. 0171 9560511
tamara.rettbergsau.de

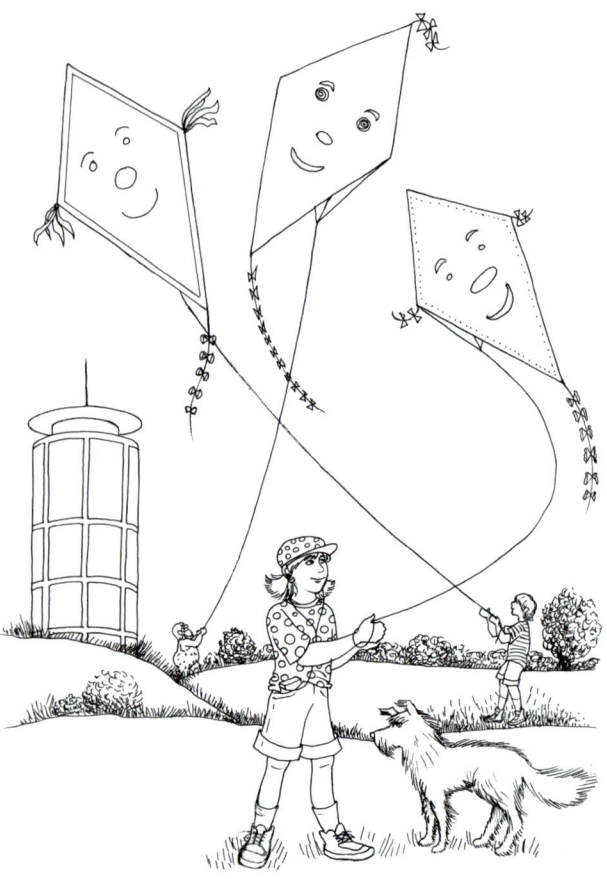

Kunst und Kultur

Kirchengemeinden

Marktkirche (ev.)
Schlossplatz 5
65183 Wiesbaden
Tel.: 0611/9001611
marktkirche-wiesbaden.de

St. Bonifatiuskirche (kath.)
Luisenstr. 31
65185 Wiesbaden
Tel: 0611/157537
st-bonifatius-wiesbaden.de

Jüdische Gemeinde Wiesbaden
Friedrichstr. 31-33
65185 Wiesbaden
Tel.: 0611/9333030
jg-wi.de

Russisch Orthodoxe Kirche
Christian-Spielmann-Weg 1
Tel.: 0611/528494

Kirchen Fenster Schwalbe 6
Ort der Ruhe, Offene Treffs,
Veranstaltungen, Ausstellungen
Schwalbacher Str. 6
65185 Wiesbaden
Tel.: 0611/1409216

Roncalli-Haus
(Kath Zentrum)
Friedrichstr. 30
65185 Wiesbaden
Tel.: 0611/1740

Ev. Dekanat
Schwalbacher Str. 6
65185 Wiesbaden
Tel.: 0611/14090

Alte Schmelze
Alte Schmelze 10
65201 Wiesbaden
Tel.: 0611/562041
alte-schmelze.de

Artothek
Am Schulberg 10
65183 Wiesbaden
Tel.: 0611/58027828

**Casino-Gesellschaft
Wiesbaden**
Friedrichstr. 22
65185 Wiesbaden
Tel.: 0611-3609300
casino-gesellschaft.de

Kulturamt
Schillerplatz 1-2
65185 Wiesbaden
Tel.: 0611/313640

Kulturforum
Musik & Kunstschule
Schillerplatz 1-2
65185 Wiesbaden
Tel.: 0611/313035

Kulturzentrum Schlachthof
Murnaustr. 1
65189 Wiesbaden
Tel.: 0611/974450
schlachthof-wiesbaden.de

Kunsthaus Wiesbaden
Schulberg 10
65183 Wiesbaden
Tel.: 0611/313053

Kurhaus Wiesbaden
Kurhausplatz 1
65189 Wiesbaden
Tel.: 0611/1729290

**Literaturhaus Villa
Clementine**
Frankfurter Str. 1
65183 Wiesbaden
Tel.: 0611/3086365
*literaturhaus-wiesbaden@
freenet.de*

Schloß Freudenberg
Freudenbergstr. 222
65201 Wiesbaden-Dotzheim
Tel.: 0611/ 4110141
schlossfreudenberg.de

Schloss Biebrich
Rheingaustr. 140
65203 Wiesbaden

Sektkellerei Henkell & Co
Biebricher Allee 142
65187 Wiesbaden
Tel.: 0611/63209
henkell-sektkellerei.de

Spielbank Wiesbaden
Kurhausplatz 1
65189 Wiesbaden
Tel.: 0611/536100

Wiesbaden.eins.de
Gutenbergplatz 1
65187 Wiesbaden
Tel.: 0611/565870

Kino

**Caligari FilmBühne
Traumkino für Kinder**
Marktplatz 9
65183 Wiesbaden
Tel.: 0611/315050
wiesbaden.de/caligari

Murnau Filmtheater
Murnaustr. 6
65189 Wiesbaden
Tel.: 0611/9770841
murnau-filmtheater.de

Filme im Schloss
Rheingaustr. 140
65203 Wiesbaden
Tel.: 0611/840766
filme-im-schloss.de

**Open-Air-Kino
Kasteler Reduit**
Am Rheinufer
55252 Mainz-Kastel
openairkino-reduit.de

Theater

Galli Theater
Adelheidstr. 21
65185 Wiesbaden
Tel.: 0611/3418999
galli-wiesbaden.de

**Hessisches Staaatstheater
Wiesbaden**
Christian-Zais-Str. 3
65189 Wiesbaden
Tel.: 0611/1321 (Information)
Tel.: 0611/132325 (Karten)
staatstheater-wiesbaden.de

**Hessisches Staatstheater
Wartburg**
Schwalbacher Str. 51
65183 Wiesbaden
Tel.: 0611/132325

kuenstlerhaus43
Obere Webergasse 43
65183 Wiesbaden
Tel.: 0611/1724596
kuenstlerhaus43.de

Pariser Hoftheater
Spiegelgasse 9
65183 Wiesbaden
Tel.: 0611/300607
pariserhoftheater.de

Velvets Black & Light Theater
Schwarzenbergstr. 3
65189 Wiesbaden
Tel.: 0611/719971
velvets-theater.de

**Wiesbadener Schule
für Schauspiel**
Wellritzstr. 38
65183 Wiesbaden
Tel.: 0611/303526

Thalhaus
Nerotal 18
65193 Wiesbaden
Tel.: 0611 / 58939985
thalhaus.de

**Theater Franz
Lebenshilfe Wiesbaden
Martin Nufer**
Tel.:0173 / 9579656
lebenshilfe-wiesbaden.de

Museen

Aktives Museum
Spiegelgasse für Deutsch-
Jüdische Geschichte
in Wiesbaden e.V.
Spiegelgasse 7
65183 Wiesbaden
Tel.: 0611/305221
am-spiegelgasse.de

Frauenmuseum
Wörthstr. 5
65185 Wiesbaden
Tel.: 0611/3081763
frauenmuseum-wiesbaden.de

Feuerwehrmuseum Wiesbaden
Kurt-Schumacher-Ring 16
65197 Wiesbaden
Tel.: 0611/4990

Flößermuseum
Bastion von Schönborn,
Rheinufer-Mainz-Kastel

Harlekinäum
Lachmuseum
Wandersmannstr. 39
65205 Wiesbaden-Erbenheim
Tel.:0611/74001
harlekinaeum-wiesbaden.de

Museum Castellum
Reduit, Rheinufer Mainz-Kastel
55252 Mainz-Kastel
Tel.: 06134/3763
museum-castellum.de

Museum Wiesbaden
Friedrich-Ebert-Allee 2
65185 Wiesbaden
Tel.: 0611/3352250
museum-wiesbaden.de

Stadtmuseum
Friedrichstr. 7
65185 Wiesbaden
Tel.: 0611/34132877
wiesbaden.de/stadtmuseum

Römischer Ehrenbogen
55252 Mainz-Kastel
Große Kirchenstr. 13
Tel.: 06134/62993

KZ-Gedenkstätte
„Unter den Eichen"
Carl-von-Ibell-Weg
Besuchstermine, Führungen n.V.
Kontakt: Stadtarchiv Wiesbaden

Dom- und Diözesanmuseum
Domstr. 3
55116 Mainz
Tel.: 06131/253344
www.dommuseum-mainz.de

Gutenberg Museum
Liebfrauenplatz 5
55116 Mainz
Tel: 06131/1222640
gutenberg-museum.de

ISIS-Tempel
Taberna achaeologica
Römerpassage 1
55116 Mainz
Tel.: 06131/6007493
roemisches-mainz.de

Landesmuseum Mainz
Große Bleiche 49-51
55116 Mainz
Tel.: 06131/28570
landesmuseum-mainz.de

Museum für antike Schifffahrt
Neutorstraße 2b
55116 Mainz
Tel.: 06131/286630
rgzm.de

Naturhistorisches Museum
Reichklarastr.10
55116 Mainz
Tel.: 06131/122646
mainz.de/nhm

Römisch-Germanisches
Zentralmuseum
Ernst-Ludwig-Platz 2
Kurfürstliches Schloss
55116 Mainz
Tel.: 06131/91240
rgzm.de

Sonnenberg Burgmuseum
Heimatverein Sonnenberg
Tel.: 0611/2678776

Heimatmuseen

Bierstadt
Venatorstraße in der
Robert-Koch-Schule
Tel.: 0611/501521

Biebrich
Rudolf-Dyckerhoff-Str.4
Tel.: 0611/67559

Delkenheim
Rathausplatz 2
06122/51276

Dotzheim
Römergasse 13
Tel.: 0611/9410725

Erbenheim
Wandersmannstr.25
Tel.: 0611/976160

Kostheim
Hauptstr. 137
06134/61617
Medenbach
Neufeldstr.9
Tel.: 06122/12427

Naurod
Obergasse 11
Tel.: 0611/61452

Nordenstadt
Turmstraße 11
Tel.: 06122/15602

Schierstein
Zehntenhofstr. 6
Tel.: 0611/5324962

Bibliotheken - Archive - Presse - Buchhandel

Deutsches Rundfunkarchiv
Unter den Eichen 5
65195 Wiesbaden
Tel.: 0611/2383-0

Erbenheimer Anzeiger
Wandersmannstr. 64
65205 Wiesbaden-Erbenheim
Tel.: 0611/976160

Hessisches Hauptstaatsarchiv
Mosbacher Str. 55
65187 Wiesbaden
Tel.: 0611/8810
hauptstaatsarchiv.hessen.de

Hessische Landesbibliothek
Rheinstr. 55-57
65185 Wiesbaden
Tel.: 0611/33410
hlb-wiesbaden.de

Hessische Landeszentrale
für politische Bildung
Taunusstr. 4-6
65183 Wiesbaden
Tel: 0611/324051
hlz.hessen.de

Kuckuck
Familienmagazin im
Rhein-Main-Gebiet
Tel.: 06134/9570813
kuckuck-magazin.de

Musikbibliothek
Schillerplatz 1-2
65185 Wiesbaden
Tel.: 0611/312084

Pepper Magazin
Sauerwiese 1
55120 Mainz
06131/2407070

Presseclub Wiesbaden
Langgasse 21
Pressehaus
65183 Wiesbaden
Tel.: 0611/3414346
pcwiesbaden.de

Sensor Wiesbaden
Gesellschaft für Lokale Medien
Langgasse 21
65183 Wiesbaden
Tel.: 0611-3555268
sensor-wiesbaden.de

Stadtbibliothek
Neugasse 15-19
65183 Wiesbaden
Tel.: 0611/312381
wiesbaden.de/bibliotheken

Stadtarchiv Wiesbaden
Im Rad 42
65197 Wiesbaden
Tel.: 0611 /313219
stadtarchiv-wiesbaden.de

VivArt - Magazin für
Kultur und Lebensart
Taunusstr. 54
65183 Wiesbaden
Tel.0611/9030130
vivart.de

VorOrt
Stadtteilnachrichten
Langgasse 21
65183 Wiesbaden
Tel.: 0611/3555327

Wiesbadener Kurier
Pressehaus
Langgasse 21
65183 Wiesbaden
Tel.: 0611/3550
wiesbadener-kurier.de

Wiesbadener Tagblatt
Pressehaus
Langgasse 21
65183 Wiesbaden
Tel.: 0611/3490
wiesbadener-tagblatt.de

Wochenende in Wiesbaden
Wiesbadener Wochenblatt
Langgasse 21
65183 Wiesbaden
Tel.: 0611/3552323

Buchhandlung und Antiquariate

Angermann
Das Landkartenhaus
Mauergasse 21
Tel.: 0611/376061

Büchergilde
Gudrun Olbert
Bismarckring 27
Tel.: 0611/405767

erLesen
Brigitte Endres-Grzybek
Niederwaldstr. 8
Tel.: 0611/2675628

Hugendubel
Kirchgasse 17
Tel.: 0611/341570

Lesen und Leben
Schwalbacher Str. 6
Tel.: 0611/300209

Susanne Pristaff
Rathausstr. 46
Tel.: 0611/69019 50

Vaternahm
An den Quellen 12
Tel.: 0611/301255

spielen & Lesen
Römergasse 20a
Tel.: 0611/520851

Peter Leucht
Wagemannstraße19
Tel.: 0611/303442

Bierstadter Bücherstube
Thomas Hilka
Poststr. 15
Tel.: 0611/542800

Antiquariat Thomas Wiederspahn
Webergasse 35
Tel.: 0611/3083166

Antiquariat Helmut R. Lang
Herderstr. 28
Tel.: 0611/300756

Antiquariat Rinnelt
Taunusstr. 36
Tel.: 0611/52307

Buchhandlung und Antiquariat
Goetz, Hans J. von
Rheinstr. 101
Tel.: 0611/372358

Zweitbuch Wiesbaden
Veit Lang
Michelsberg 8
Tel.: 0611/303353

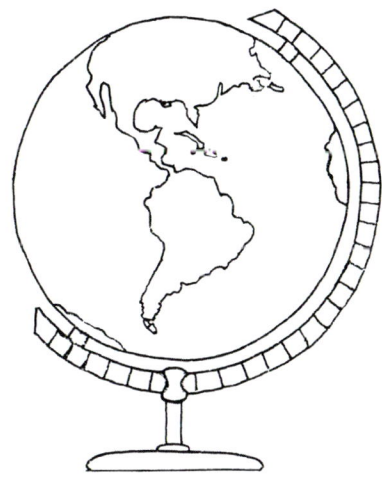

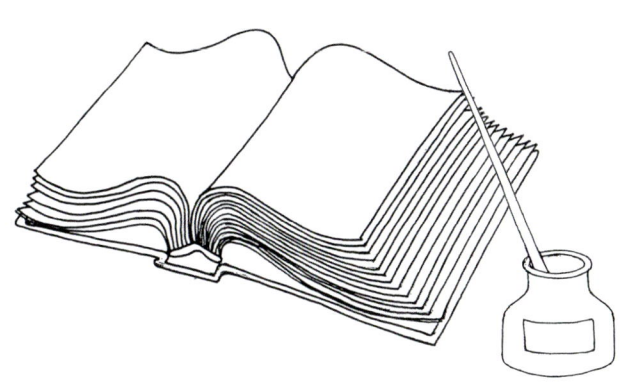

Freizeit

Sport - Spiel - Natur

Apothekergarten
Aukammallee
65183 Wiesbaden
apothekergarten-wiesbaden.de

Bootsverleih Bähr
Schiersteiner Hafen
Bernhard-Schwarz-Str. 14
65201 Wiesbaden
Tel.: 0611/260414

Bootsverleih Kurpark
65189 Wiesbaden
Tel.: 0611/4504829

BUND Wiesbaden
Igstadterstr. 10
65191 Wiesbaden
Tel.: 0611/51672

Campinplatz Maaraue
Maaraue 48
55257 Mainz-Kostheim
06134/4383
camping-maaraue.de

**Campingplatz und
Freizeitgelände Rettbergsaue**
Biebrich 0611/24551
Schierstein 0611/24508

Der Radler
Fahrradstation am Hauptbahnhof
Bahnhofsplatz 1
65189 Wiesbaden
Tel.: 0171-2227888

Deutscher Alpenverein
Sektion Wiesbaden
Phillipsbergstr. 24
65159 Wiesbaden
Tel.: 0611/59334
dav-wiesbaden.de

Domäne Mechtildshausen
65205 Wiesbaden
Tel.: 0611/73740
mechtildshausen.de

Forsthaus Kohlheck
Langendellschlag 100
65199 Wiesbaden
Tel.: 0611/23608513

**Hessisches Forstamt
Wiesbaden-Chaussehaus**
Chaussehaus 20
65199 Wiesbaden
Tel.: 0611/532800

Forstrevier Rambach
Kellerskopfweg 3
65207 Wiesbaden
Tel.: 0611/540217

Forstrevier Platte-Naurod
Forsthaus Platte
65195 Wiesbaden
Tel.: 0611/525355

Forstrevier Dambachtal
Tränkweg 4
65193 Wiesbaden
Tel.: 0611/520233

Forstrevier Frauenstein
Forsthaus Frauenstein
65201 Wiesbaden
Tel.: 0611/429163

Freizeitgelände Alter Friedhof
Platter Str. 13
65193 Wiesbaden
0611/312901

**Freizeitgelände
Unter den Eichen**
65195 Wiesbaden
Luft- und Sonnenbad
Platter Straße 200
Tel.: 0611/523195

Henkell-Kunsteisbahn
Hollerbornstr. 38
65197 Wiesbaden
Tel.: 0611/312457

HGON
Hess. Gesellschaft
für Ornithologie und
Naturschutz e.V.
Edisonstr. 15
65199 Wiesbaden
Tel.: 0611-461913

Kinderbauernhof
Daimlerstr. 51
65197 Wiesbaden
Tel.: 0611/7161540

**Kinder- und Jugendfarm
Biberbau**
Sauerwiesweg 4
65187 Wiesbaden
0611/2055242
biberbau-biebrich.de

Kleingolf Platte
An der B 417
Tel.: 0611/51769

Kletterwald Neroberg
Tel.: 0611/5802246
kletterwald-neroberg.de
info@kletterwald-neroberg.de

Kulturpark im Salzbachtal
65189 Wiesbaden
Tel.: 0611/312901

Leichtweißhöhle
Wiesbaden Nerotal
0611/54539

Movelo Rhein-Main
Webergasse 39
65183 Wiesbaden
Tel.: 0611/700499
movelo.com

Miniatur-Golf Straßenmühle
Straßenmühlweg
65199 Wiesbaden
Tel.: 0611/9410774

**NABU Naturschutzbund
Kreisverband Wiesbaden**
Hermann-Brill-Str. 12
65197 Wiesbaden
Tel.: 0611/465452
nabu-wiesbaden.de

**Naturfreundehaus
Heidehäuschen**
Freudenbergerstr. 241
65201 Wiesbaden
Tel.: 0611/9410967

Naturschutzhaus e.V.
Karl-Lehr-Str.34
65201 Wiesbaden
naturschutzhaus-wiesbaden.de

Nerobergbahn
Nerotal
65193 Wiesbaden
Tel.: 0611/2368500
nerobergbahn.de

Regionalpark RheinMain
Tel. 06145/5037330
regionalpark-rheinmain.de

Rheingau-Taunus-Club e.V.
Zietenring 15
65195 Wiesbaden
Tel.: 0611/7249228
rhein-taunus-klub.de

Reitsportanlage Hofgut Adamstal
An der Aarstraße (B 54)
65195 Wiesbaden
Tel.: 0611-525458
hofgut-adamstal.de

Rollschuhsportbahn
Konrad-Adenauer-Ring
Sportanlage Rheinhöhe
Tel.: 0611/ 312561

Skizunft Wiesbaden
Rathenauplatz 13
65203 Wiesbaden
Tel.: 0611/67896
skizunft-wiesbaden.de

Sportamt
Wiesbadener Sportvereine
Murnaustr. 4
65189 Wiesbaden
Tel.: 0611/315400

**Sternwarte Astronomische
Gesellschaft Urania**
Bierstadter Str. 47
65189 Wiesbaden
urania-wiesbaden.de

SV Wehen Wiesbaden
Berliner Str. 9
65189 Wiesbaden
Tel.: 0611/504010
svwehen-wiesbaden.de

Tier- und Pflanzenpark Fasanerie
Wilfried-Ries-Str. 22
65195 Wiesbaden
Tel.: 0611/4090770
fasanerie.net

Tierpark Kastel
Unterer Zwerchweg
55252 Mainz-Kastel
Tel.: 0611/607736
tierpark-kastel.de

Touristikbahn Wiesbaden
Fritz-Haber-Straße 7
65203 Wiesbaden
Tel.: 0611/58939464
thermine.de

Volleyballclub Wiesbaden
Diltheystr. 3
65203 Wiesbaden
Tel.: 0611/3605149
vc-wiesbaden.de

Walderlebnispfad
Auf dem Neroberg
65193 Wiesbaden
Tel.: 0611/23608511

Wiesbadener Hütte
2443 m – 50 Betten / 150 Lager
A-6563 Galtür
Tel.: Hütte 0043/5558 4233
wiesbadener-huette.com

**Wiesbadener Tennis- und
Hockey-Club e.V**
Sportanlage Nerotal
65193 Wiesbaden
Tel.: 0611/520610
wthc.net

Notizen

Festkalender

Januar

Wiesbadener Juristenball
Kurhaus

April

goEast Filmfestival
Caligari FilmBühne

Familientag
Reitschule Adamstal

Wiesbadener
Orgelspaziergang

Bücher Lesefest
Fasanerie

Mittelalterfest
Reduit Mainz-Kastel

Russischer Künstlermarkt
Neroberg

DTM Präsentation
Wilhelmstraße

Wiesbadener Wandertage
von April bis September

Mai

Kranzplatzfest
Kochbrunnen

Sekttag Henkell
Sektkellerei Henkell

Familienausflug – mit dem
Fahrrrad in den Wald
Umwelt- und Stadtforstamt

Familien Erlebnistag
Fasanerie

Nerobergfest
Neroberg

Int. Maifestspiele
Hessisches Staatstheater

Kinder Kulturkalender
*ab Mai bis August
Amt für Soziale Arbeit*

Apfelblütenfest
Naurod

März

FernsehKrimi-Festival
Caligari FilmBühne

Kurze Nacht der Galerien
und Museen

Februar

Fastnachtsumzug

Juni

Int. Wiesbadener
Pfingst-Reitturnier
Biebricher Schlosspark

Theatrium
Wilhelmstraße

Biebricher Höfefest

Int. Oldtimer Rallye
Wiesbaden Rheingau-Taunus

Jazz im Hof
*ab Juni bis August
Hess. Ministerium für
Wissenschaft und Kunst*

Rheingau-Musikfestival
ab Juni bis August

Nerotalfest
Nerotal-Anlage

Openair-Konzerte
Bowling Green

Wiesbadener Literaturtage
*Literaturhaus
Villa Clementine*

Juli

Schiersteiner Hafenfest

Apothekergartenfest

Hoffest
Domäne Mechthildshausen

Sommer-Wiese
Reisinger-Anlage

Da + dort
Ferienbörse

Familienfest
Fasanerie

Gibber Kerb
Biebrich

Schloss in Flammen
Biebricher Schlosspark

August

Rheingauer Weinwoche
Schlossplatz/Denrsches Gelände

Mosburgfest
Biebricher Schlosspark

Open-Air-Kino
Reisinger-Anlagen

Open-Air-Kino
Reduit/Rheinufer Kastel

Folklore im Garten
Schlachthofgelände

Tage der Industriekultur

Wiesbaden singt
Innenstadt

Charity Run & Walk
Kurpark

Ironman 70.3 European Championsship
Wiesbaden

Oktober

Bibliotheksfest
Landesbibliothek

Int. Trickfilm Wochenende
Caligari-FilmBühne

Konzerte auf Henkellsfeld
Sektkellerei Henkell

Wiesbadener Krimiherbst
vers. Veranstaltungsorte

September

Stadt und Land feiern Erntedank
Warmer Damm

Stadtfest
Innenstadt

Kinderkulturtage

Tag des offenen Denkmals

Taunusstraßenfest

Dibbemarkt
Dotzheim

Internationales Sommerfest
Schlossplatz

Nacht der Kirchen

Theaterfest
Staatstheater Wiesbaden

Architektursommer Rhein-Main

Atlantis – Natur- und Umweltfilmfest
Caligari Filmbühne

Wiesbaden tanzt
Innenstadt

November

exground filmfest
Caligarie FilmBühne

Puppenspiel-Festival
Kinderhaus
Elsässer Platz

European Youth Circus
Dern'sches Gelände

Sternschnuppenmarkt
ab November bis Dezember
Schlossplatz

Dezember

Eiszeit Schlittschuhlaufen
Warmen Damm

Silvester im Kurhaus
Kurhaus

Hinweis: Veranstaltungstermine können sich von Jahr zu Jahr verschieben. Bitte Veröffentlichungen in der Tagespresse beachten.

149

Ein Riesen Dankeschön!

„Wenn jemand eine Reise tut, dann kann er was erzählen", schrieb vor etwa 200 Jahren der deutsche Dichter Matthias Claudius, 1740-1815. Auch wir hoffen, dass du nach deiner Entdeckungsreise mit dem Riesen Ekko in Wiesbaden viel Wissenswertes und Sehenswertes zu berichten weißt. Wenn es dich später einmal in die weite Welt hinauszieht, dann kannst du mit deinem Wissen den Menschen dort von den Schönheiten und Besonderheiten deiner Heimatstadt Wiesbaden berichten.

Und wenn du dann eines Tages von deinen Reisen zurückkommst, dann ist es sicherlich spannend und interessant den Veränderungen in deiner Stadt nachzugehen. Mit Johann Wolfgang von Goethe, der zweimal in Wiesbaden zur Kur weilte, haben wir dich auf Seite 13 auf Wiesbaden eingestimmt. Mit einem Dichterwort von Goethe geht diese Entdeckungsreise nun zu Ende.

„Die Reise gleicht einem Spiel;
Es ist immer Gewinn und Verlust dabei,
und meist von der unerwarteten Seite;
Man empfängt mehr oder weniger,
als man hofft,
man kann ungestraft eine Weile hinschlendern,
und dann ist man wieder genötigt,
sich einen Augenblick zusammenzunehmen.
Für Naturen wie die meine,
die sich gerne festsetzen
und die Dinge festhalten,
ist eine Reise unschätzbar:
Sie belebt, bereichert, belehrt und bildet."

Für unermüdliche Anregung, Geduld und Hilfestellung danke ich meiner Frau Birgit und meinen beiden Kindern Marie und Bruno.

Der EKKO VERLAG bedankt sich bei Monika und Karl-Heinz Will herzlich für die Durchsicht des Manuskripts und die enge Zusammenarbeit.

Ein besonderer Dank geht an das Vermessungsamt Wiesbaden mit Herrn Rautenberg, Frau Seiz und Herrn Professor Wieser für die Bereitstellung von Karten und Luftbildern.

Für Tipps und Anregungen bedankt
sich der Verfasser bei:

Richard Abt (Naturschutzhaus),
Karl-Heinz Altenhofen,
Hans Bastian (ehm. Staatstheater),
Jochen Baumgartner (Förderverein Stadtmuseum)
Dr. Rolf Faber (Historiker)
Jörg-Uwe Funk (Kulturamt),
Georg Habs (Stadtarchiv),
Wolfgang Herber † (Stadtrat),
Ute Kilian (Tierpark Fasanerie),
Eberhard Klaiss,
Dr. Günter Kleineberg (Sammlung Nass. Altertümer)
Matthias Lemcke (Forstrevier Platte-Naurod),
Martin Michel (Wiesbaden Marketing),
Thomas Michel (Wiesbaden Stiftung),
Erich Mork (Forstrevier Rambach),
Nassauischer Verein für Naturkunde,
Jochen Pioch,
Karin Rau (Schulleiterin)
und Henning Wossidlo (Kurbetriebe).

Interessiere und engagiere dich auch weiterhin für deine Heimatstadt. Aktuelle Informationen findest du auf unserer Internseite:
www.ekkoverlag.de

Wir danken unseren Sponsoren

Herausgeber und Redaktion bedanken sich herzlich für die tatkräftige Unterstützung folgender Unternehmen und Personen, die in großzügiger Weise die Finanzierung und Erstellung dieses Buches gefördert haben:

Hessisches Kultusministerium, Förderverein Helene-Lange-Schule, Familie Baumgärtner, Fiori und Dr. Dali Bouhaha (†), Tina und Gebhard Bucher (†), Rosel und Manfred Heller, Dr. Matthias Hildner, Heidi und Dr. Joachim Krug, Helmut Nehrbaß, Doris und Art Purkpong, Katharina Queck, Rose-Lore Scholz, Dr. Norbert Stein, Familie Stockhausen, Gola und Dr. Axel Wirtz, Stephan Ziegler.

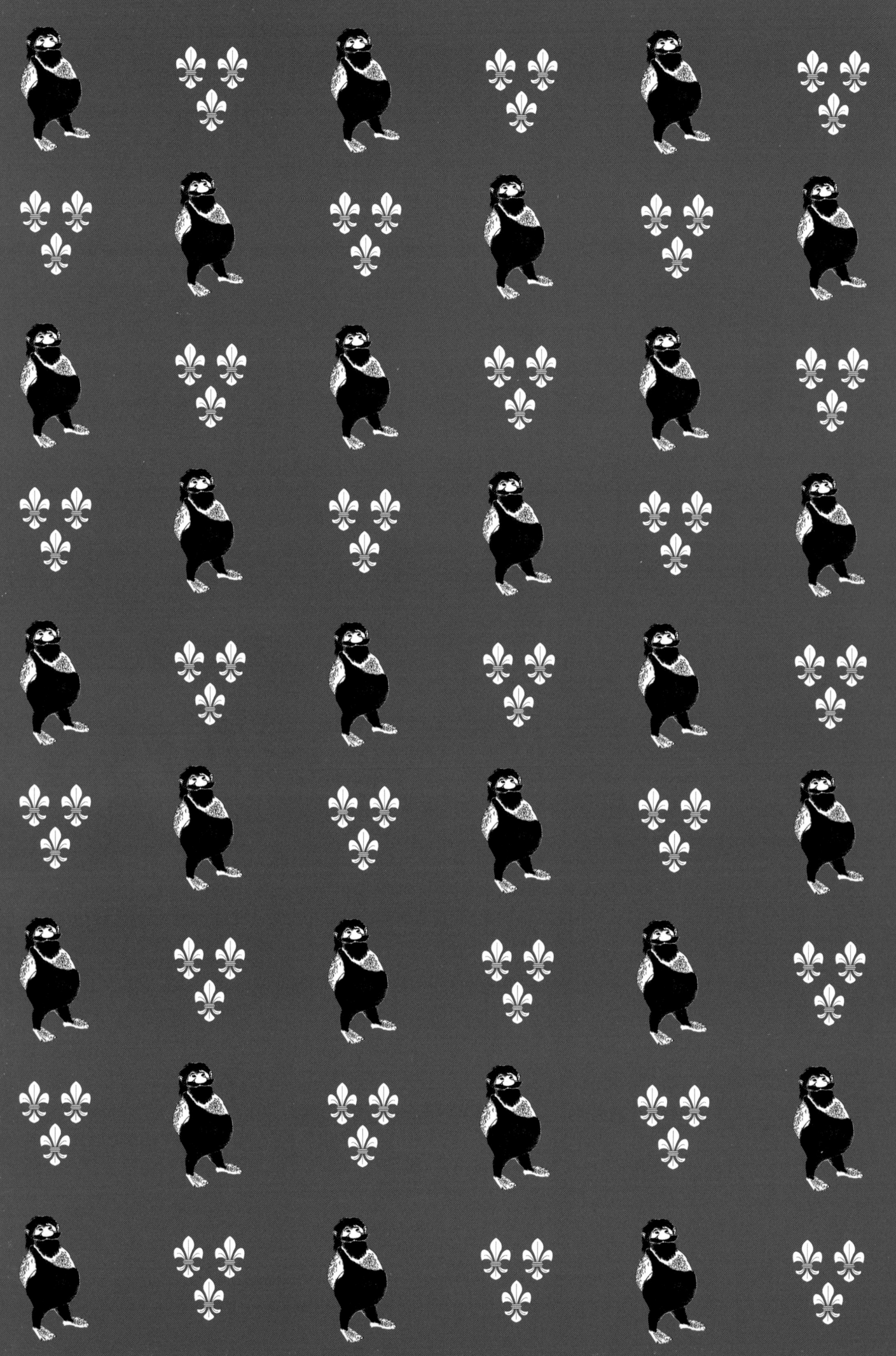